"다른 누군가의 길을 밝혀 주기 위해 등불을 켜면
결국 자신의 길도 밝히는 것이 된다."

_벤 스위트랜드

"교육은 물통을 채우는 것이 아니라 불을 지피는 것이다."
_윌리엄 버틀러 예이츠

"가장 싼 값으로 가장 오랫동안 즐거움을 누릴 수 있는 것이 바로 책이다."

_미셸 몽테뉴

"하버드대학교 수석 졸업장보다 책 읽는 습관이 중요하다.
동네 도서관이 지금의 나를 있게 했다."

_ 빌게이츠

엄마표
책육아

그림책에서 이야기책까지

엄마표 책육아

펴낸날 2020년 4월 20일 1판 1쇄

지은이_ 지에스더
펴낸이_ 김영선
기획_ 이영진
교정·교열_ 이교숙, 남은영
경영지원_ 최은정
디자인_ 현애정
마케팅_ 신용천

펴낸곳 (주)다빈치하우스-미디어숲
주소 경기도 고양시 일산서구 고양대로632번길 60, 207호
전화 (02) 323-7234
팩스 (02) 323-0253
홈페이지 www.mfbook.co.kr
이메일 dhhard@naver.com (원고투고)
출판등록번호 제 2-2767호

ISBN 979-11-5874-068-9
값 14,800원

- 이 책은 (주)다빈치하우스와 저작권자와의 계약에 따라 발행한 것이므로 본사의 허락 없이는 어떠한 형태나 수단으로도 이 책의 내용을 사용하지 못합니다.
- 미디어숲은 (주)다빈치하우스의 출판브랜드입니다.
- 잘못된 책은 바꾸어 드립니다.

이 도서의 국립중앙도서관 출판예정도서목록(CIP)은 서지정보유통지원시스템 홈페이지(http://seoji.nl.go.kr)와 국가자료공동목록시스템(http://www.nl.go.kr/kolisnet)에서 이용하실 수 있습니다.(CIP제어번호: CIP2020012031)

그·림·책·에·서·이·야·기·책·까·지

엄마표 책육아

지에스더 지음

미디어숲

추천사

수많은 책의 홍수 속에서 부모들은 혼란스럽다. 저자는 두 아이를 키우는 엄마의 눈높이에서 독서교육을 위한 구체적인 방향을 제시한다. 그림책부터 고전까지 아이들의 호기심을 자극하고 생각하는 질문을 끌어내는 독서교육을 고민하는 부모라면 꼭 읽어야 할 필독서다.

- 임성훈, 아레테인문아카데미 대표, 『칼 비테의 인문고전 독서교육』 저자

스스로 행복을 찾는 아이를 위한 엄마의 책육아 이야기. 육아 전문가는 많다. 하지만 내 아이의 진정한 전문가는 엄마뿐이다. 저자는 아이가 지식만 가득 찬 사람이 아닌 스스로 행복해질 줄 아는 사람으로 자라길 바란다. 아이를 '책의 바다'로 이끌기 원한다면 이 책을 꼭 읽어 보길 바란다. 다양한 사례 속에서 알알이 박힌 보석 같은 노하우를 얻을 수 있다. 무엇보다 엄마와 아이 모두 따뜻하고 단단한 사람으로 성장할 수 있는 길을 발견할 수 있을 것이다.

- 박진희, 『마음이 단단해졌으면 좋겠어』 저자

내 삶이 책을 통한 성찰과 그로 인한 변화를 거듭하면서 왔기에 엄마가 되면서 당연하고도 자연스럽게 책육아를 선택했다. 지금 20대, 30대가 된 두 아이는 엄마표 책육아로 거의 사교육 없이 학창 시절을 살면서 "우리처럼 이렇게 저렴(?)하게 자라는 아이들은 없을걸요?"라고 말했고, "책을 읽어 주던 엄마 목소리 덕분에 책은 언제나 따듯함"이 되었고, 스스로 "괜찮은 사회인"이라 말하며 청춘을 즐기며 살아가고 있다. 다시 아이를 키운다고 해도 책육아를 선택할 것이다.

이 책을 읽으면서 감탄했다.

"어떻게 이렇게 엄마들의 마음을 잘 들여다보았을까?"

"어쩜 이렇게 단계별로 구체적인 안내를 했을까?"

"막연하지 않게 옆에서 같이 가는 느낌으로 말해 주는 이 힘은 뭘까?"

결론은 이랬다.

"그녀 역시 책을 통해 성찰과 변화를 해 왔기에 가능한 거야."

엄마는 완전하고 완벽해서 아이를 키우는 것이 아니라는 것을, 아이와 함께 성장하는 것이라고 이야기하는 그녀의 이야기에 많은 엄마가 위로와 응원을 받을 거라고 생각한다. 책육아를 통해 공부를 잘하는 아이를 넘어, 삶에 힘이 있는 아이, 어떻게 살아야 하는지를 아는 생활인으로 성장할 수 있도록 그녀가 건네는 손을 맞잡고 따뜻한 동행을 하기를 바란다.

-착한재벌샘정, 『말랑말랑학교』 저자

요즘 길을 걷다 보면 쉽게 사교육 광고를 볼 수 있다. 사교육 시장이 활발한 이 시대에 이 책은 내게 사교육이 아니어도 아이의 교육을 충분히 할 수 있다는 믿음을 줬다. 저자는 6년간 책육아를 하며 알게 된 노하우를 모두 담았다. 아이들이 좋아하는 주제, 내 아이를 위한 책을 고르는 방법, 책육아를 통해서 아이와 엄마가 행복해지는 이유 등 이 시대 부모가 알았으면 하는 점들을 세세하게 적었다. 이 세상 모든 부모가 책육아 전문가가 될 수 있도록 새로운 관점을 제시해 준다.

- 장정아, 『영알못, 외항사승무원&1등 영어강사 된 공부법』 저자

 프롤로그

엄마의 사랑을 전하는 시간

어릴 때 우리 집은 너무나 가난했다. 아빠는 사랑하는 딸이 책을 좋아하는 걸 알고는 서울에 갔다 오는 날이면 청계천 헌책방에서 책 뭉치를 두 손 가득 들고 오셨다. 없는 살림에도 딸을 위해서 책을 사는 데는 돈을 아끼지 않으셨다. 책을 선물 받은 나는 떨 듯이 기뻤다. 밤늦게까지 읽다 자곤 했다. 그때는 당연하게 생각했는데 지나고 보니 아빠가 딸에게 표현한 뜨거운 사랑이었다. 이제는 엄마가 되어 그 마음을 너무나 잘 안다.

나는 두 아이를 키우면서 6년째 책육아를 하고 있다. 아이에게 책을 읽어 주는 것은 바로 엄마의 마음을 전하는 시간이다. 아이를 향한 사랑이 있었기 때문에 할 수 있었다. 첫째 아이는 이제 혼자서도 책 읽기를 좋아하지만 오늘도 사랑과 정성을 담아 책에 담긴 이야기를 들려준다. 아이는 아직도 엄마와 함께하는 잠자리독서 시간을 너무나 좋아하고 기다린다. 아이에게 고마울 따름이다.

첫째 아이에게 『화요일의 두꺼비』를 읽어 주면서 내가 더 떨렸다. 두꺼비가 올빼미에게 잡아먹히면 어쩌지? 친구가 아무도 없는 외로운 올빼미. 그의 마음을 열어 준 것은 무엇일까? 두꺼비와 밤에 차를 마시며 이야기를 나누었을 때다. 내 말을 들어주는 친구가 있다는 것. 굳게 닫혔던 마음이 활짝 열린다. 마음이 녹아야 몸이 움직인다. 결국 올빼미는 며칠 뒤에 잡아먹으려고 했던 두꺼비와 친구가 된다.

『8시에 만나』에서 나오는 펭귄 세 마리. 두 마리만 노아의 방주에 들어갈 수 있다. 한 마리는 어떻게 해야 할까? 세 마리 모두 살아남기 위해서 선택한 방법은 무엇일까? 아이에게 읽어 주면서 내가 더 궁금하다. 친구 한 명을 버릴 것인가, 모두 다 방주 타는 길을 찾을 것인가. 나라면 어떤 선택을 했을지 생각해 본다. 아이는 어떻게 생각하고 있는지 궁금하다. 대화를 나누며 서로를 알아간다.

『논어』에 보면 마음의 성장을 위해 필요한 세 가지가 나온다. 첫째, 문학을 즐기고 감동을 음미하는 것. 둘째, 올바른 예를 따르고 사람들과 온화한 교류를 쌓는 것. 셋째, 음악을 들으면서 마음에 울려 퍼지는 아름다움을 음미하는 것. 이 세 가지는 난해한 이론으로 얻을 수 없는 소중한 체험이라고 한다.

문학작품을 읽으면서 아이와 어른 모두 마음이 자란다. 이야기책은 아이에게만 필요한 것이 아니었다. 다 컸다고 생각한 나에게도 좋은 책이었다. 어린이용이라고 해서 어린이만 읽는 책이 아니었다. 책

한 권을 만나면 적어도 한 가지를 배울 수 있다. 책이야말로 마음을 자라게 하는 가장 좋은 스승이다.

우리 아들이 좋아하는 로알드 달. 그는 전 세계 아이들에게 사랑받는 어린이책을 쓴 천재 작가다. 그가 어떻게 아이들이 좋아하는 이야기를 쓰게 되었을까?『천재 이야기꾼 로알드 달』을 보면 노르웨이 출신인 그의 어머니가 밤마다 로알드 달에게 책을 읽어 주었다는 이야기가 나온다. 로알드 달은 세 살 때 아버지를 잃었어도 어머니는 꿋꿋하게 아이를 키웠다. 그가 어릴 때 어머니가 들려준 북유럽에서 내려오는 신화, 민담, 노르웨이 작가들이 쓴 이야기들은 그의 상상력을 키워 주었다.

"가끔 글을 쓰는 내 팔이 10만 킬로미터쯤 되어 연필을 잡은 손이 세상을 가로질러 아이들이 사는 집과 학교에까지 닿는다고 생각하면 가슴이 떨립니다. 정말 스릴이 넘치죠."

그가 죽기 직전에 한 이야기다. 어머니에게 어릴 때 이야기를 듣고 자란 로알드 달. 그는 죽을 때까지 글을 썼다. 기발하고 엉뚱한 이야기로 전 세계에 있는 아이들에게 흥미진진한 세상을 여행할 수 있는 초대장을 건네고 있다. 로알드 달은 이야기책으로 아이들에게 즐거움을 선물하고 그 또한 글을 쓰면서 행복과 위로를 느꼈다.

나는 아이가 어릴 때부터 '사람, 사랑, 꿈'을 마음에 담고 살기를 바란다. 아이 마음이 촉촉하게, 말랑말랑하게 자라면 좋겠다. 수많은 언어의 마술사들이 쓴 글들, 내 안에 묻혀 있는 감성 세포를 건드리는 문장들, 주옥같은 이야기를 들으며 아이가 가진 감수성이 커가길 기도한다.

"책은 꿈꾸는 것을 가르쳐 주는 진짜 선생이다."라는 G.바슐라르가 한 말을 기억하며 나는 오늘도 마음을 담아서 이야기책 한 부분을 읽어 준다. 아이 안에 씨앗을 심고 물을 주는 일을 한다. 날마다 천천히 조금씩 영혼의 양식을 먹여 준다. 아이는 이것을 먹으며 무럭무럭 자랄 것이다. '사람, 사랑, 꿈'을 가르쳐 주는 책은 아이와 내 마음을 성장하게 도와주는 가장 좋은 선생님이다.

책육아가 좋은 줄은 알지만, 막상 시작하려니 쉽지 않았다. 그냥 책만 읽어 주지 않고 내 아이에게 맞는 길을 찾아가는 게 어려웠다. 그림책에서 고전까지 나가는 길목마다 많은 시행착오를 겪었다. 그림책을 잘 몰라서 헤맨 경험, 이야기책으로 넘어갈 때 겪은 어려움, 고전을 읽어 주기 시작할 때 느낀 막막함.

책육아를 하고 싶은 사람, 지금 책육아를 하는 사람 중에 나 같은 이가 있을 거라고 생각했다. 그들에게 조금이라도 도움을 줄 수 있다면 책육아에 관한 이야기를 한 권으로 묶는 일이 가치 있겠다고 여겼다. 그런 마음으로 다음과 같은 내용을 담아 책을 엮었다.

1장은 책육아에 대해 말한다. 책육아를 어떻게 해야 하는지, 그 안에서 만나는 기적, 내 아이에게 맞게 해나가는 책육아, 육아철학과 마음을 세우는 방법을 이야기한다.

2장은 책을 소리 내어 읽어 주는 것이 얼마나 좋은지, 언제까지 읽어 주면 좋은지, 내 아이를 위한 독서 로드맵을 어떻게 그려나가야 할지를 다룬다.

3장은 그림책에 관한 이야기다. 어떤 그림책을 읽어 주면 좋을지, 내 아이에게 맞는 책을 어떻게 선택하고 읽어 줘야 할지, 아이들이 좋아하는 그림책은 무엇인지를 나눈다.

4장은 이야기책에 관해 설명한다. 그림책에서 글이 많은 이야기책으로 자연스럽게 넘어가는 방법, 어떤 이야기책을 읽어 줄지, 어떻게 읽어 줘야 할지, 아이가 글이 많은 책과 친해지려면 어떻게 해야 할지를 알려 준다.

5장은 고전 읽기를 다룬다. 어떻게 아이에게 고전을 읽어 줄지, 어떤 고전부터 읽어 줘야 할지, 고전 읽기를 하면 어떤 점이 좋은지, 읽고 나서 무엇을 하면 좋을지를 설명한다.

"다른 누군가의 길을 밝혀 주기 위해 등불을 켜면 결국 자신의 길도 밝히는 것이 된다."고 미국 사회학자 벤 스위트랜드는 말했다. 내가 한 일은 아주 작은 등불이지만. 아무것도 보이지 않는 깜깜한 밤에는 누군가에게 길을 밝혀 주는 빛이 될 수 있다. 그 가운데 내 길도 밝아진다. 여기에는 좋은 것을 나누며 함께 성장하고자 하는 내 삶의 모토를 담았다.

가장 먼저 이 책의 가치를 알아봐 준 미디어숲 김영선 대표에게 감사한 마음을 전한다. 그분의 안목 덕분에 이 책이 세상에 나올 수 있었다. 책육아를 하며 많이 자란 첫째 하민, 둘째 지민에게 고맙다. 아이들 덕분에 내가 더 성장하는 시간을 누리고 있다. 내 육아 방법을 온전하게 지지하고 내가 하고자 하는 일에 마음 담아 응원해주는 남편에게 고맙다. 암을 잘 이겨내고 있는 엄마, 그 곁을 따뜻하게 지키고 있는 아빠. 두 분이 있어서 이 책을 완성할 수 있었다. 이 책은 두 분에게 딸이 전하는 사랑의 편지다. 아이를 집에서 키우며 글을 쓰는 며느리를 지지해 주는 시부모님께도 감사하다.

마지막으로 독자분들께 고마운 마음이 가득하다. 책의 진정한 완성은 독자에게 있다. 이 책을 읽어 주는 분들이 있어서 책이 빛날 수 있다. 지금 이 프롤로그를 읽고 있는 당신께 무한한 감사를 전한다.

"사랑은 죽음을 이기고 인생에 의미를 가져오며 불행을 행복으로 바꾼다."는 톨스토이의 말처럼 책을 읽어 주는 마음에 담긴 엄마의 사랑은 아이와 엄마 모두에게 행복을 가져다준다. 오늘 아이에게 사랑을 표현하고 행복을 마음껏 느끼길. 다시는 돌아오지 않을 이 시간을 마음껏 누리길.

온 마음을 담아
지에스더

 **차례**

프롤로그 엄마의 사랑을 전하는 시간 _11

1장 아이의 삶에 책을 선물하다

1. 아이에게 가장 좋은 것은 _22
2. 책육아가 답이다 _27
3. 아이가 책을 만나다 _33
4. 어떻게 해야 스마트폰보다 책을 좋아할까 _38
5. 엄마표 책육아를 하면 달라지는 것들 _44

special box 육아 완벽주의에서 벗어나기 _49

2장 꾸준히 오래 소리 내어 읽어 주기

1. 왜 소리 내어 읽어 줘야 할까? _56
2. 언제까지 읽어 주면 좋을까? _62
3. 내 아이를 위한 독서 로드맵 그리기 _67
4. 엄마부터 그림책을 즐겨야 한다 _74
5. 엄마의 감을 믿어라 _80

3장 하루 한 권 그림책 읽기

1. 그림책, 하루 한 권이면 충분하다 _88
2. 이렇게 읽어 주면 마음이 자란다 _94
3. 아이는 답을 알고 있다 _100
4. 아이들은 반복해서 읽기를 좋아한다 _106
5. 아이들이 좋아하는 공룡, 탈것, 똥 _112
6. 독서 편식은 괜찮을까? _118
7. 책을 사는 우리 집의 규칙 _123

special box 아이의 독서습관을 위해 3B가 필요하다 _129

4장 그림책에서 이야기책으로 넘어가기

1. 5세부터 시작하는 이야기책 읽어 주기 _136
2. 건강한 자존감을 키우는 책 읽기 _144
3. 독후활동? 5분 눈높이 대화로 충분하다 _150
4. 글밥 많은 책과 친해지는 법 _156

5장 공부가 쉬워지는 고전 읽기

1. 고전이 내 아이의 머리를 바꿔 줄까? _164
2. 고전을 학습만화로 읽어도 괜찮을까? _170
3. 고전 읽기, 문학부터 시작하라 _175
4. 호기심을 자극해 읽고 싶게 한다 _183
5. 읽기보다 중요한 질문하기 _188

special box 아이와 함께 필사하는 시간 _193

부록 나이별 추천 그림책 110권 _200
추천 이야기책 20권 _221
추천 고전 18권 _226

에필로그 책을 읽어 줄 수 있는 시간은 오직 지금뿐 _233

과일나무를 키울 때 가지치기를 한다.
좋은 열매를 수확하려면 필요한 가지만 남겨야 한다.
그래야 맛좋은 열매를 얻을 수 있다. 육아도 마찬가지다.
아이에게 좋다는 것들은 너무나 많다.
그럴수록 정말 내 아이에게 필요하고 중요한 것만 남기는 행동이 필요하다.

1장

아이의 삶에
책을 선물하다

아이에게
가장 좋은 것은

사람이 온다는 건

실은 어마어마한 일이다.

그는

그의 과거와

그의 미래와 함께 오기 때문이다.

한 사람의 일생이 오기 때문이다.

-정현종, 「방문객」 중에서

　한 아이가 세상에 태어난다는 것은 어떤 의미일까? 아이가 태어나기 전과 후에 일어나는 변화는 엄청나다. 잠자고 밥 먹는 시간까지 모든 생활은 아이에게 맞춰진다. 초보 엄마에게 아이 한 명을 키우는 일은 버겁다.

막상 아이를 낳고 보니 막막했다. 내가 거대한 바다에서 길을 잃고 둥둥 떠 있는 배가 된 기분이었다. 어디로 가야 하는지, 어떻게 해야 하는지 모르는 일투성이였다. 처음에는 목을 가누지 못하는 아이의 기저귀를 가는 일마저 어려웠다.

아이를 키우며 내 안에 계속 올라오는 질문이 하나 있었다. '아이를 어떻게 키워야 좋은 걸까?' 어릴 때 아이에게 어떤 자극을 주는지에 따라 아이의 발달이 달라진다고 했다. 엄마가 수다쟁이가 되어야 한다고도 했다. 아이가 잘 크려면 모든 게 엄마 손에 달려 있다는 것 같았다.

그러나 내 생각대로 몸이 움직이지 않았다. 나는 말 못 하는 아이에게 딱히 해줄 말이 없었다. 결코 수다쟁이 엄마가 아니었다. 이러다 내 아이는 남들보다 말이 늦는 건 아닐까 덜컥 겁이 났다. 내 아이의 발달에 맞게 하는 게 별로 없어 보였다.

시간이 갈수록 육아 자신감은 바닥으로 떨어졌다. 내가 정말 아이를 잘 키울 수 있을까? 내가 부족해서 아이가 제대로 못 크면 어떡하지? 근거 없는 불안감이 올라왔다.

아이 한 명에게 느끼는 책임감이 이렇게 무거울 줄이야. 아이를 위해 무엇을 해야 할지 모르겠다. 도대체 어떻게 해야 아이를 잘 키우는 걸까?

3세 뇌 발달은 정말 맞을까?

세상에는 이런 초보 엄마의 불안한 마음을 잘 알고 이용하는 곳이 많다. 여섯 개의 지갑 six pocket이란 말이 있다. 아이 한 명에 돈 나오는 어른 6명이 곁에 있다는 뜻이다.

아이 주변에 있는 고모, 이모들 골든 포켓이다. 그들은 아이를 위해 기꺼이 지갑을 연다. 요즘에는 한 가정에 태어나는 아이 수가 많지 않다. 그러다 보니 아이는 VIP에서 BIP baby important person로 주요 마케팅 대상이 되었다.

백화점, 마트, 지역기관에서 운영하는 문화센터가 늘고 있다. 이곳은 인기가 식을 줄 모른다. 돌도 안 된 아이를 위한 여러 가지 프로그램이 엄마들 눈을 사로잡는다. 생후 6개월 이상인 아기가 참여하는 '베이비 마사지'. 태어난 지 100일 된 아기를 데리고 오는 부모가 있을 정도다.

아이들은 어린이집을 가기 전에 문화센터에 먼저 다닌다. 엄마들 사이에서 문화센터는 아기를 데리고 당연하게 가는 곳으로 자리 잡았다. 엄마가 워킹맘이라 아이를 데리고 가지 못하면 할머니가 출동한다.

어디 문화센터뿐인가. "생후 6개월부터 가능한 수업이에요. 평균 돌 되기 전에 가장 많이 합니다. 손에 자극을 많이 주면 뇌에 당연히 자극이 가는 거죠." 영유아 교구 업체들은 부모에게 아예 아기가 돌이 되기 전부터 시작하라고 홍보한다. 이들이 내세우는 이론은 '3세 뇌 발달'이다.

'3세 뇌 발달'은 아이 뇌가 만 3세까지 성인 뇌의 80%를 형성한다는 주장이다. 만 3세까지가 평생을 좌우하는 중요한 결정적 시기다. 이 때를 놓치면 안 된다고 말한다. 일찍 시작하면 할수록 아이 발달에 더 좋단다. 그들이 주장하는 3세 뇌 발달은 정말 맞을까?

10대 아이들의 뇌를 장기간 연구한 사람이 있다. 그는 22년간 총 3,500명을 대상으로 MRI를 9,000번 촬영했다. 미국 국립보건원에 일하는 제이 기드 박사다. 그가 한 연구 결과를 보면 뇌는 10대 때도 왕성하게 성장하며 25세까지 자란다. 뇌의 크기는 6세까지 95% 자라는데 크기가 컸다고 해서 뇌가 성숙하는 것은 아니라고 한다.

가장 바깥쪽에 있는 회백질은 학습기능과 사고력을 담당한다. 아이가 새로운 것을 배우고 경험할수록 회백질의 신경세포와 뉴런은 넝쿨처럼 가지를 뻗어 다른 신경세포와 정보를 주고받는다. 가지 뻗기가 최고조에 달하는 시기는 사춘기다. 어린이에서 10대를 거쳐 20대 성인이 되면서 뇌를 어떻게 쓰느냐에 따라 뇌의 운명이 결정된다고 주장한다.

막 세상을 알아가기 시작하는 아이에게는 따뜻한 엄마의 넓은 품이 가장 좋다. 어릴수록 엄마와 애착 관계를 잘 맺는 것이 중요하다. 아이는 생후 24개월까지 엄마와 맺은 관계로 건강하게 집 밖을 나갈 준비를 한다.

안정된 애착 관계를 만들기 위해서는 아이가 보여 주는 울음, 웃음에 잘 반응해 줘야 한다. 아이를 많이 안아 주고 업어 주면 좋다. 이런 환경에서 자라는 아이 뇌는 건강하게 발달한다. 우리 옛 어른들이 늘 아기를 업고 안고 키웠던 방법이 아이에게 가장 좋은 것이었다. 애착을 잘 맺을수록 뇌의 기초 공사가 잘 이루어진다.

모든 부모는 내 아이가 건강하게 자라길 바란다. 아이에게 줄 수 있는 가장 좋은 환경을 만들어 주고 싶다. 어느 부모가 아이를 막 키우고 싶을까. 그러다 보니 아이 발달에 좋다고 말하는 것에 눈 감고, 귀 닫기가 어렵다. 이제는 남들이 좋다고 말하는 것을 잠시 멈추고 생각해 보자. 정말 우리 아이에게 좋은지 아닌지를 살펴봐야 한다. 부모가 먼저 제대로 알고 기준을 세워서 판단하는 일이 필요하다.

유아교육의 선구자, 어린이 눈높이에서 시작하는 교육법을 만든 몬테소리는 말했다.

"우리는 단호하게 '사랑이 가득한 판단이 곧 현명한 판단'이라고 말할 수 있다."

부모만이 내 아이에게 맞는 방법과 길을 알 수 있다. 아이를 향한 따뜻한 사랑이 있기 때문이다. 이제는 내 안에 있는 감각을 믿고 나만의 기준을 세워 아이를 키우면 어떨까?

책육아가
답이다

"어머, 쟤 좀 봐."

첫째 아이를 보며 지나치는 사람들이 수군거렸다. 자주 있는 일이다 보니 이제는 익숙하다. 어떤 이는 내 귀에 들릴 정도로 말하며 지나간다. 혹은 두세 사람이 서로 소곤대고 웃으며 지나갈 때도 있다.

"쟤 봐, 책 보면서 걸어가네."

첫째 아이는 밖에 나가서도 책을 보면서 걸을 때가 많다. 양손에 책 한 권을 쥐고 있다. 걸으면서 계속 책을 읽는다. 아이는 어디를 가든지 책을 들고 나간다. 세발자전거를 타면서도 읽는다.

스마트폰을 들고 고개를 푹 숙이고 다니는 아이들이 많은 요즘 아들의 모습은 주변 사람들 눈에 신기한가 보다. 그냥 지나치는 사람이 없다. 애가 책을 이토록 좋아할 줄 누가 알았을까.

걷거나 자전거를 탈 때 책을 보는 행위는 사실 위험한 행동이라

요즘은 자제를 시키는 편이다.

 책을 좋아하는 첫째 아이. '책육아'를 시작할 때는 미처 예상하지 못했다. 아이를 어떻게 키워야 할지 몰라 헤매다 찾은 길 중 하나였다. 아이가 13개월이 됐을 무렵부터 일곱 살이 될 때까지 날마다 꾸준하게 책을 읽어 주기만 했다. 내가 한 일은 그게 전부다.

 책을 들고 다니는 오빠의 모습을 보고 자라는 둘째 아이. 뱃속에서부터 엄마가 책 읽어 주는 소리를 듣고 태어난 아이다. 나는 둘째 아이에게 생후 6개월부터 책을 읽어 주기 시작했다. 18개월이 되더니 이제 아이가 나에게 책을 들고 온다. 바로 안 읽어 주면 읽어 줄 때까지 "엄마!!!!"를 목청껏 부른다.
 "빠이빠이!!!"
 손으로 바닥을 탕탕 친다. 빨리 여기 앉아서 읽어주라는 말이다. 두 아이를 돌보다 피곤해서 누워 있으면 내 눈을 손가락으로 쿡쿡 누른다. 일어나서 책 읽어달라고.
 낮잠을 재우기 위해 둘째 아이를 업는다. 아이가 "채!" 하고 말한다. 책을 주면 품에 안고 엄마 등에서 편안하게 잠든다. 잠들 때 책이 없으면 허전한가 보다.
 외출할 때 두 아이는 책을 들고 나간다. 차로 이동할 때는 뒷좌석에 나란히 앉아 각자 책을 본다. 첫째 아이는 책을 읽다가 들려주고 싶은 대목에선 큰소리로 책의 내용을 말해 준다. 그러면 둘째 아이도 거기에 호응해 자기 나름대로 소리를 낸다. 책을 통해 가족 간에 소통이 이루어진다. 외식하러 갈 때도 아이들은 책을 갖고 간다. 음식을 기다리는 동안 책을 읽는다. 기다리는 시간이 두 아이에게는 전혀 지루하지 않다.

책육아를 시작하다

"벌써 애가 돌이네. 무슨 선물 줄까?"
"누르면 소리 나는 책 있잖아. 나 그거 사 줘."
"아, 사운드북? 그래. 그럼 그거랑 다른 책도 몇 권 더 선물할게."

소리 나는 책을 '사운드북'이라고 하는구나. 친구가 말해서야 알았다. 그때 우리 집에는 아이를 위한 책이 한 권도 없었다. 나는 첫째 아이가 돌이 될 때까지 먹이고 재우는 것만으로도 힘겨워했다. 아이는 도통 잠을 자려고 하지 않았다. 밤에 수도 없이 깨서 우는 아이를 업고 밖에 나간 기억밖에 없다. 이런 생활 속에서 책을 읽어 준다는 생각은 전혀 하지 못했다.

아이에게 무슨 책이 좋은지도 몰랐다. 내 생각에 누르면 소리가 나는 책을 받으면 아이가 좋아할 것 같았다. 친구가 선물해 준 책은 사운드북 1권과 『사과가 쿵』, 『달님 안녕』, 『두드려 보아요』 그림책 3권이었다.

친구가 『달님 안녕』은 보드북이 없어서 일반 책으로 선물했다고 말했다. '보드북? 그건 또 뭐지.' 찾아보니 책 표지부터 내지까지 두꺼운 종이로 만들어진 책이었다. 아기들은 다 입에 넣고 물고 빠니까. 아기들이 잘 볼 수 있게 제작된 것이다. 보드북도 신세계였다. 두꺼운 종이에 귀여운 그림들까지. 신기했다.

어느 날 나는 밖에 버려진 2단 책장을 주워왔다. 거기에 친구에게 받은 책들을 꽂았다. 놀다가 한 번씩 빼서 아이에게 읽어 주었다. 아이는 앉아서 듣기도 하고 돌아다니기도 했다. 조금이라도 듣고 있는 아이를 보니 놀라웠다. 어린아이에게 책을 읽어 주면서 함께 시간을 보낼 수도 있다는 걸 새삼 깨달았다.

우리 생활에 일어난 큰 변화였다. 그전에는 아이가 어느 정도 크면 책을 읽어 줘야지 했다. 아기 때부터 읽어 줄 수 있는지 몰랐다. 삶에 기분 좋은 변화가 생긴 후 아이를 위한 책을 몇 권 더 샀다. 지인이 추천한 책 안에서 골랐다. 2단 책장에 들쭉날쭉 꽂힌 책 10권으로 문을 연 책육아. 시작은 별거 없었다. 단출하고 단순했다.

놀기와 말 걸기가 한 번에 해결

아이는 몇 권 안 되는 책을 점점 좋아했다. 자주 읽어 달라고 들고 왔다. 아이에게 책은 정말 좋은 장난감이었다. 어떤 날은 책을 쌓아 놓고 놀았다. 책을 연결해서 길을 만들고 자동차가 지나가게 했다. 책은 그 자체로도 가지고 놀 수 있는 훌륭한 장난감이었다. 오히려 비싼 장난감보다 가성비가 좋았다.

아이와 어떻게 놀아 줘야 할지, 무슨 말을 해 줘야 할지 잘 모르는 나에게 책은 단비와 같았다. 아이에게 자꾸 말을 걸어 주라는데, 이상하게 입이 열리지 않던 그때 책은 구세주였다. 다양한 말소리를 따로 생각하지 않아도 되었다. 그저 있는 그대로 읽어 주거나 애가 가리키는 그림의 이름을 말해 주기만 하면 되었다. 더구나 아이 발달에 좋다는 것들, 눈이 휘둥그레지는 장난감들, 값비싼 유아 교재교구들을 사 줄 형편이 안 되는 나에게 책은 값진 선물과도 같았다.

책육아야말로 내 혼을 쏙 빼놓는 복잡하고 정신없는 육아에서 한 줄기 빛으로 보였다. 책을 읽어 주면 놀기와 말 걸기가 한 번에 해결되었다. 시간이 지날수록 책이 어린아이에게 정말 좋다는 것을 몸소 체험했다. 아이는 하루가 다르게 새로운 말을 나에게 쏟아냈다.

"아이가 자라면서 차이가 생기는 것은, 장난감이 아니라 그들의 머릿속에 들어 있는 단어 때문이다. 안아 주는 일을 제외한다면, 우리가 아이에게 가장 값싸게 줄 수 있는 가장 귀한 것은 단어이다. 아이에게 이야기를 들려줄 때 우리에게는 직업도, 은행 잔고도, 대학교 졸업장도 필요하지 않다."

『하루 15분 책 읽어주기의 힘』에는 아이에게 책이 얼마나 중요한지 잘 나온다. 어떻게 아이를 키워야 좋을지 머릿속이 복잡했던 당시 책을 만나면서 깔끔하게 정리됐다. 다른 건 못 해 줘도 아이가 원할 때까지 책을 읽어 주면서 육아를 해야겠다고 결심했다.

과일나무를 키울 때 가지치기를 한다. 좋은 열매를 수확하려면 필요한 가지만 남겨야 한다. 그래야 맛좋은 열매를 얻을 수 있다. 육아도 마찬가지다. 아이에게 좋다는 것들은 너무나 많다. 그럴수록 정말 내 아이에게 필요하고 중요한 것만 남기는 행동이 필요하다.

"단순함은 궁극의 정교함이다."라고 레오나르도 다빈치가 말했다. 복잡할수록 단순하게 만들어야 한다. 나는 육아에서 꼭 남겨야 하는 중요한 것 하나를 고르라면 책을 선택하겠다. 책과 함께 가는 육아는 덜 힘들고 덜 헤매기 때문이다.

  보잘것없이 시작한 책육아는 시간이 갈수록 달콤한 열매를 맺는다. 그 안에는 우리만의 행복한 추억이 담겨 있다. 아직 끝나지 않은 책육아. 앞으로 두 아이와 함께 어떤 열매를 맛보게 될지 설레고 궁금하다.

아이가
책을 만나다

별을 좋아하는 도치라는 아이가 있다. 어느 날 도치는 편지를 받는다.

"나는 100층짜리 집 꼭대기에 살고 있어. 우리 집에 놀러 오지 않을래?"

100층 집에서 온 초대장이다. 100층 집이라고? 어떤 곳인지 궁금하다. 아이는 편지를 들고 초대한 사람을 만나러 간다. 100층까지 하나씩 올라간다. 꼭대기에 도착하니 거미 왕자가 기다리고 있다. 거미 왕자와 아이는 함께 별을 본다. 집에 돌아온 아이는 거미 왕자에게 편지를 쓴다.

『100층짜리 집』에 나오는 이야기다. 별을 좋아하는 거미 왕자라니!

오늘은 거미에 대해 배우는 날이다. 선생님과 아이들은 버스를 타고 거미를 만나러 간다. 아이들이 거미줄에 걸린다. 스쿨버스가 거대한 거미로 변한다. 아이들은 가슴 떨리는 시간을 보낸다.

거미를 무서워했던 카를로스가 배움을 마치고 "거미에게서 배울 것이 많은 것 같아." 하고 말한다. 이야기 속에 나오는 아이들은 자연에서 거미를 만나며 배운다. 『신기한 스쿨버스 키즈 : 거미줄에 걸리다』에 나오는 이야기다.

『샬롯의 거미줄』에는 특별한 거미가 나온다. 나는 첫째 아이에게 한동안 나눠서 읽어 줬다. 여기에는 꼬마돼지 윌버와 거미 샬롯이 있다. 평범했던 돼지 윌버. 주인 가족은 그를 살찌워서 잡아먹으려고 한다. 윌버는 죽기 싫다.

샬롯은 윌버를 살리기 위해서 재치 있는 계획을 짠다. 어느 날 윌버는 대단한 돼지가 된다. 샬롯이 거미줄에 "대단한 돼지"라는 글자를 짜 주었기 때문이다. 사람들은 거미줄을 보고 놀라워한다. 세상에 이런 돼지가 있다니! 『샬롯의 거미줄』을 읽으면 친구를 아끼는 마음 따뜻한 거미를 만날 수 있다.

첫째 아이가 다섯 살 때 로알드 달이 쓴 이야기를 참 좋아했다. 그중 『제임스와 슈퍼복숭아』에는 다른 거미이야기가 나온다.

몸이 사람만큼 커진 거미. 커다란 복숭아 속에서 다른 친구들이 편히 잘 수 있는 침대를 만들어 준다. 동물 몸에 맞게 거미줄로 나뭇가지에 매달아 두는 그물침대를 짜 준다. 메뚜기, 무당벌레, 지네, 제임스가 잘 수 있는 곳이다. 제임스는 그물침대에 눕는다. 날마다 고모들이 누워 자라고 했던 딱딱한 나무판자 침대와 견주어 본다. 얼마나 폭신하고 편안한지! 제임스는 깊은 잠에 빠져든다. 거미가 짜 준 침대는 어떨까? 첫째 아이는 상상하다가 잠든다. 지금 자신이 누운 곳은 그물침대가 아닐지언정….

책 한 권에 나오는 이야기를 만날 때마다 아이 앞에는 새로운 세상이 열린다. 길을 가다가 쉽게 볼 수 있는 거미였다. 그런 거미가 책마다 다르게 나온다. 어느 순간 거미는 그저 단순한 곤충이 아니다.

초대장을 보내는 거미 왕자, 거미 버스, 돼지 윌버를 도와주는 거미 샬롯, 제임스에게 침대를 만들어 주는 거미. 아이 머릿속에 있는 거미들은 사연이 다르다. 여러 가지 이야기를 들을수록 생각이 풍성해진다.

『100층짜리 집』은 우리 집에서 첫째 아이에게 오랫동안 사랑받은 책이다. 첫째 아이가 18개월 되었을 무렵에 사서 읽어 준 책인데 여섯 살이 된 지금까지 읽어 달라고 종종 들고 온다. 땅에서부터 시작하는 100층짜리 집, 땅 아래로 내려가는 100층짜리 집, 바닷속으로 들어가는 100층짜리 집. 하늘로 올라가는 100층까지 집까지. 총 네 종류가 있다.

100개의 다른 방, 10가지 동물들을 만날 수 있다. 같은 동물이라도 층마다 보여주는 모습은 여러 가지다. 아이와 한 층씩 올라가면서 함께 탐험을 떠나는 기분이다. 다음 층에서는 어떤 친구들을 만날지 궁금하다.

이 책은 이런 특별한 재미로 아이가 5년 넘게 읽어달라고 들고 오는 책이 되었다. 아이는 재미있으면 누가 말하지 않아도 본다. 어느 날 저 나름대로 집을 그린다. 여기는 누가 살고 저기는 누가 산다며 종이를 펼쳐 보이면서 열심히 엄마에게 설명한다.

아이에게 들려주는 이야기의 힘

예전에는 대가족 시대로 아이가 자라는 환경에 어른들이 많이 계셨다. 그들은 아이들에게 예부터 전해 내려오는 이야기, 추억담, 생활에 필요한 지식들을 들려주고 행동으로 보여 주었다. 아이들은 어릴 때부터 어른과 일하면서 귀동냥으로 배우기도 했다. 지금은 어떨까?

대부분 엄마 혼자서 아이를 돌본다. '독박육아'가 그냥 나온 말이 아니다. 아빠는 일터에서 많은 시간을 보낸다. 말 못 하는 아이와 엄마 단둘이 보내는 날들. 엄마가 아이에게 해 줄 수 있는 이야기가 얼마나 될까?

나는 말 못 하는 아이에게 해 줄 말이 별로 없었다. 머리를 쥐어 짜내도 아이에게 재미있게 들려줄 이야기가 없었다. 불러 줄 동요도 많지 않았다. 아이에게 꼭 해야 할 말이 아니면 입을 꾹 다물고 있는 시간이 더 많았다.

단조로운 언어 환경에서 책은 아이와 나에게 정말 맛 좋은 샘물이었다. 퍼내고 퍼내도 마르지 않는 샘. 마실 때마다 아이에겐 새롭고 흥미로운 맛이다.

책을 읽어 주면 아이는 계속 다른 세계를 만난다. 내 머리로는 지어낼 수 없는 무궁무진한 이야기들 그림책에는 다채로운 이야기가 차고 넘쳤다. 오히려 내가 배우는 시간이었다. 아이가 어떤 이야기를 좋아하는지, 어디에 반응을 보이는지, 책을 읽어 주고 아이를 관찰하면서 알 수 있었다.

"상상력의 본래 의미는 '머릿속에서 이미지를 만들어내는 힘'이다. 상상력은 엉뚱한 공상을 하는 힘이 아니라 현실의 세계에서 앞을 예상해 계획을 세우거나 많은 사람과 원활한 커뮤니케이션을 할 수 있도록 돕는 능력이다. 상상력이 생기면 다양한 이야기를 즐길 수 있게 되고, 스스로 이야기를 만들 수도 있다."

『그림책에서 이야기책까지』에 나오는 글이다. 아이가 책 한 권을 만날 때마다 새로운 이미지가 아이의 머릿속에 자리 잡는다. 그동안 한 번도 만나지 못한 세상이 열린 셈이다. 아이는 몸으로 경험하지 않아도 배울 거리가 생긴다.

문제 상황에서 어떻게 행동하면 좋을지, 다른 사람들은 어떻게 느끼고 있는지를 익힌다. 책에서 내가 가보지 못한 시대나 나라로 떠날 수 있다. 시간과 공간을 초월해서 이해할 수 있다. 책 속에 담긴 이야기는 사람을 이어 준다. 과거와 현재를 연결해 준다.

아이가 자라면서 실제로 해 볼 수 있는 것, 갈 수 있는 곳은 많지 않다. 전문가들은 아이가 몸으로 해 보는 게 제일 좋다고 말한다. 하지만 여러 체험을 해 보는 것에는 한계가 있다. 이럴 때 우리는 아이에게 책을 읽어 주면서 부족한 것들을 채울 수 있다.

밤마다 잠자기 전에 읽어 주는 이야기로 아이들은 상상여행을 떠난다. 오늘은 아이와 어디에 가볼까? 누구를 만날까? 한계가 없는 이야기에서 아이가 만나는 여러 가지 세상, 그 속에서 자라는 아이의 삶은 풍요롭다. 오늘 아이는 새로운 세계와 만나고 있다.

어떻게 해야
스마트폰보다 책을 좋아할까

잠자기 전, 첫째 아이가 거실에서 책을 한가득 가지고 방에 들어온다. 베개 위쪽에 책을 쌓아놓는다. '책 탑을 만드는 건가? 책을 가지고 놀다 자려는 건가?' 나는 갑자기 궁금해졌다.

"하민아, 무슨 일로 책을 이렇게 쌓아놨어?"

"내일 아침에 일어나자마자 읽으려고요."

아침에 일어나서 거실에 나가지 않고 눈 뜨면 바로 보기 위해서란다. 그러려면 머리맡에 책을 두고 자면 된다나. 다음 날 아침, 아이는 깨자마자 책을 보기 시작한다. 아침 먹기 전까지 이불 속에서 자기만의 시간을 즐긴다.

조용하게 두 눈으로 읽는다. 책과 함께 평화로운 아침을 시작한다. 책은 눈 뜨자마자 만나는 반가운 벗이다. 동생이 와서 건드리기 전까지 첫째 아이는 여유 있는 아침 시간을 보낸다.

"아니, 애들이 스마트폰을 안 보고 밥을 먹네?"

오랜만에 만난 외삼촌과 외숙모는 무척 놀라워했다. 그러면서 외삼촌 아들이 장가갈 때 한 가지를 부탁했다고 말했다. 앞으로 아이를 낳으면 스마트폰은 최대한 늦게 보여 주라고.

현대인과 스마트폰은 떼려야 뗄 수 없는 관계가 되었다. 지하철과 버스에서, 식사 중에도, 심지어 걸어가면서도 스마트폰을 손에서 놓지 않는다. 어떤 아이들은 음식점, 카페, 공공기관에서 스마트폰으로 동영상을 본다. 조용히 해야 하는 곳에서는 어김없이 스마트폰이 함께한다. 오히려 스마트폰 없이 밥을 먹는 아이가 귀한 시대가 되었다. 이것은 아이를 조용히 시킬 때 더없이 좋은 해결책이다. 보채는 아이의 울음을 한순간에 멈추게 하는 마법의 도구다.

물론 부모는 아이가 스마트폰을 오랜 시간 동안 보면 좋지 않다는 것을 알고 있다. 하지만 아이가 떼를 쓰거나 울려고 하는 난처한 상황이 벌어지면 재빨리 손에 스마트폰을 쥐어준다. 그러곤 잠시 편안한 시간을 맛본다. 처음 시작하기가 어렵지, 발을 들여놓은 이상 되돌아갈 수 없다. 스마트폰 없는 외출은 상상할 수 없다.

스마트폰이 아이들에게 미치는 영향

2019년 미국 시장조사기관인 퓨 리서치Pew Research가 세계 27개 국가를 대상으로 통신기기 사용을 조사했다. 그 가운데 우리나라가 스마트폰을 사용하는 사람들의 비율이 가장 높았다. 휴대전화 보급

률은 100%, 스마트폰 사용자가 무려 95%다. 우리나라 성인 대부분은 스마트폰을 쓰고 있다는 말이다. 그럼 아이들은 어떨까?

한국 미디어 패널조사에서 전국 만 6세 이상 가정과 식구들을 대상으로 2011년부터 하고 있는 추적조사가 있다. 2018년 결과를 살펴보면 성인 95.8%가 휴대전화를 갖고 있다. 초등학교 고학년부터 청소년까지는 10명 가운데 8명 이상이 스마트폰을 쓰고 있다. 그렇다면 아이들은 하루에 얼마나 스마트폰과 함께할까?

우리나라 초·중·고등학생들이 일주일에 36시간가량 스마트폰을 쓰는 것으로 조사됐다. 하루에 평균 5시간을 스마트폰에 할애하는 것이다. 초등학생은 평균 30.4시간, 중·고등학생 38.6시간 동안 스마트폰을 이용했다. 이는 수업시간과 수면시간을 뺀 나머지 시간 대부분을 스마트폰과 함께 생활하고 있는 것으로 해석할 수 있다.

그렇다면 스마트폰은 아이들에게 어떤 영향을 미칠까? 아이들은 스마트폰 영상을 뚫어지게 보다가 자극이 눈에서 사라지는 순간 아이들은 집중하지 않는다. 다시 새로운 자극을 찾는다. 전문가들은 이런 반복 행동이 심해지면 '팝콘 브레인' 현상이 일어날 수 있다고 말한다.

팝콘 브레인이란, 스마트폰으로 게임, 동영상을 자주 보면 빠르고 강한 정보에는 익숙한 반면, 현실의 느리고 약한 자극에는 반응하지 않는 것을 말한다. 팝콘이 터지듯 크고 강렬한 자극에만 뇌가 반응하는 것이다.

스마트폰이 아이의 스트레스를 잠깐 줄여줄 수는 있지만 스마트폰을 보다가 치우면 오히려 스트레스 뇌파가 더 올라간다. 그러면서 아이는 계속 흥분하고 예민한 행동을 보일 수 있다.

더욱이 만 2세 미만의 아기들은 아직 시각 회로가 완성되지 않았다. 스마트폰의 작은 화면에서는 빠르게 바뀌는 영상과 소리가 나온다. 어린아이에게 시각정보가 지나치게 전달되면 시신경 회로가 제대로 발달할 수 없다. 지나친 영상 자극은 오히려 아이의 두뇌 발달에 해롭다.

아이 뇌를 위한 현명한 선택

아이들은 재미있는 쪽으로 몸을 움직인다. 이미 스마트폰 영상의 재미를 맛본 아이에게 책은 지루하다. 책에 있는 그림은 움직이지 않는다. 목소리도 나오지 않는다. 누른다고 반응을 보이는 것도 아니다. 아이에게 책은 딱딱하고 의미 없는 물건일 뿐이다. 아이가 이런 책에 흥미를 느끼게 하려면 어떻게 해야 할까?

부모가 아이에게 책을 읽어줘서 아이가 어릴 때부터 책과 친해질 수 있도록 도와줘야 한다. 엄마 무릎에 앉아서 듣는 엄마 목소리, 책으로 재미있게 놀았던 기억들이 아이 머리에 차곡차곡 쌓여야 한다. 아이는 책을 읽으면서 새로운 세계로 떠나는 즐거움을 맛봐야 한다. 중요한 것은 스마트폰 영상을 보여 주는 시기를 최대한 늦춰야 아이가 책과 가까워질 수 있다는 것이다. 『초등 독서의 모든 것』에서 심영면 저자는 "TV와 인터넷이 같은 편이 되어 독서와 싸운다면 누가 이길 거라고 생각하나요?" 하고 질문한다. 결론은 무조건 먼저 시작하고 많이 한 것이 이긴다.

스마트폰은 디지털 세대 아이라면 몇 시간 안에 쉽게 익힐 수 있다. 따로 앉혀놓고 가르쳐 주지 않아도 된다. 돌 전 아이도 손가락으로 화면을 터치하고 넘길 수 있다.

반면 책 읽는 능력은 어떨까? 놔둔다고 저절로 길러지지 않는다. 아이 뇌에는 읽기 회로가 없다. 뇌에 길을 제대로 만들어 주려면 긴 시간이 걸린다. 책을 읽어주는 것이 읽기 회로를 만들어주는 가장 좋은 방법이다.

> 하지만 다정한 부모라면 뻔히 알면서 아이의 미래를 위험에 맡기지는 않을 것이다. 그런데도 우리는 이런 기기(중독이라는 말로 설명해야 하는 기기)들을 우리 아이들에게 건넨다. 사실 아이들은 …… 디지털 기기의 일상적 사용이 뇌 발달에 미치는 영향에 훨씬 취약하다. …… 우리는 얼리어댑터가 되고 싶고, 우리 아이들에게 모든 것을 주고 싶다는 열망에 오히려 아이들을 해로운 길로 내모는 것은 아닐까?
>
> _ 매리언 울프, 『다시, 책으로』

우리는 아이가 먹을 음식 재료를 고를 때 할 수 있으면 몸에 좋다는 유기농으로 찾는다. 간식거리를 선택할 때도 어떤 식품첨가물이 들어 있는지 꼼꼼하게 살펴 고른다. 두뇌도 아이 몸의 한 부분이다. 아이 몸에서 중요한 곳이다. 먹는 음식에는 마음을 쓰면서도 정작 아이 뇌에 들어가는 자극은 어찌 무관심할 수 있을까.

뇌에 책을 읽어 주는 것과 스마트폰에서 나오는 영상을 보여 주는 것 가운데 어떤 일이 아이에게 더 좋은지는 부모라면 바로 알 수 있다.

"뜨거운 물에 담근 손을 서둘러 빼듯이, 눈앞의 악은 한시라도 빨리 멀리하라."라는 『논어』의 말이 떠오른다. 이제 스마트폰을 아이 손에 쥐여주기보다 아이를 무릎에 앉혀 책을 읽어 주자. 시간이 충분히 쌓이면 디지털 시대에 책과 함께 균형있게 자라는 아이가 될 것이다.

엄마표 책육아를 하면
달라지는 것들

기찻길 옆 오막살이 아기아기 잘도 잔다
칙칙폭폭 칙칙폭폭 기차 소리 요란해도
기찻길 옆 오막살이 아기아기 잘도 잔다

윤석중 동시집인 『달 따러 가자』에 나오는 「기찻길 옆」이다. 잠자기 전에 두 아이에게 읽어 준 동시집이다. 이 책에는 우리가 잘 아는 동요가 많다. 읽어 주면서 엄마도 즐겁다. 노래로 불러 주기에도 좋다.

나는 먼저 동시를 읽어 준다. 그다음 동요로 바꿔서 불러준다. 옆에 누워서 뒹굴뒹굴하던 둘째 아이가 갑자기 일어난다. 팔과 다리를 흔든다. 환하게 웃으며 온몸을 움직인다. 엄마가 노래를 불러 주니까 몸이 저절로 반응하나 보다.

동생을 보던 첫째 아이도 덩달아 일어난다. 온몸을 흔들어 댄다.

두 아이가 서로 바라보더니 "꺄르르르" 소리 내서 웃는다. 다시 몸을 흔든다. 노래가 끝나자마자 둘째 아이가 말한다.

"또또."

나는 그 밤에 동요를 주구장창 불러 준다. 아이들은 노래에 따라 몸을 계속 움직인다. 깔깔대고 웃는다. 오늘 밤은 춤추고 웃고 노래하다 쓰러져 잠든다.

아이에게 좋은 친구가 된 책

"오늘은 몇 층까지 쌓아 볼까?"

거실 온 바닥에 책이 널브러져 있다. 지나가다 발에 치이는 책들. 귀하게 대접받지 못하고 있다. 여기저기 쌓여 있는 책들을 보고 있으니 태풍이 휩쓸고 지나간 자리처럼 정신없다. 두 아이는 하루 종일 어지르고 놀다가 잠자기 전에 딱 한 번 정리한다. 그러다 보니 곳곳에 책들이 널려 있다.

책을 한 권씩 가져와서 쌓으며 책 탑을 만든다. 오늘은 몇 층까지 무너지지 않게 올릴 수 있을까? 아이와 시합한다. 아이는 30층이란다. 그래, 이번에는 30층까지 포개어 보는 거야. 둘째 아이도 덩달아 책을 들고 와서 위에 놓는다. 오빠 행동을 모조리 따라 하는 둘째 아이. 뭐든 보이는 대로 배운다.

"와, 다 쌓았다. 정말 30층이네. 이제 올라가 보자. 오늘은 얼마까지 버틸 수 있겠어?"

"10이요!"

책 탑을 완성했으니 아이가 꼭대기에 올라갈 시간이다. 아이가 밟으니 책이 흔들흔들. 몸의 균형을 맞추느라 이리저리 움직인다. 떨어질 거 같다며 킥킥 댄다. 나는 10까지 수를 센다. 10을 세기 전에 떨어지나 안 떨어지나 지켜본다. 아이는 어떻게든 버티려고 안간힘을 쓴다. 그러다 손을 흔들며 떨어진다. 책 탑이 와르르 무너진다.

옆에서 가만히 지켜보던 둘째 아이가 낮아진 탑 위로 성큼 올라간다. 오빠처럼 균형을 잡아보려 한다. 1초도 안 돼서 떨어진다. 둘째 아이는 좋다고 웃는다. 엄마 손을 잡고 다시 올라간다. 이번에는 엄마 손을 계속 잡는다. 안 떨어지자 기뻐한다. 이게 뭐라고. 아이들은 책 탑에 올라가서 버티는 것만으로도 신나 한다.

책은 아이들에게 참 좋은 벗이다. 읽어 주는 일뿐만 아니라 갖고 놀기에도 좋다. 어릴 때부터 아이가 책을 어떻게 만나서 시간을 보냈는지는 갈수록 큰 차이를 가져온다. 처음에는 그저 엄마가 읽어 주기만 했을 뿐이다. 아이는 듣는 둥 마는 둥. 첫 장에 있는 한 문장을 읽기도 전에 어디론가 사라진다.

이리저리 돌아다니던 아이라도 엄마가 자꾸 읽어 주다 보면 알게 된다. 저 물건과 함께하면 뭔지는 모르겠지만 엄마가 재미있게 말해 준다는 것, 엄마와 웃으며 놀 수 있다는 것. 처음에는 아이에게 아무 의미 없던 소리였다. 이런 소리를 반복해서 들으면 어느 날 문득 아이는 크게 깨닫는다. '아, 그림마다 이름이 있구나. 그림에 맞는 소리가 있는 거구나.' 그러면서 엄마가 읽어 주는 말을 알아듣기 시작한다. 이후 책을 가지고 오는 큰 변화를 보인다. 첫째 아이는 15개월부터, 둘째 아이는 18개월부터였다. 엄마에게 책을 읽어 달라고 온몸으로 요구했다.

아이가 작은 손가락으로 얇은 종이를 한 장씩 빠르게 넘긴다. 단순하게 책장을 넘기는 모습도 기적이다. 종이를 한 장씩 넘기는 행동은 아이에게 절대 쉬운 일이 아니다. 눈과 손이 제대로 협응해야 할 수 있다. 이를 위해서 소근육과 시력이 잘 발달해야 한다. 잘못하면 종이가 찢어진다. 힘을 잘 조절해야 제대로 넘길 수 있다. 이것은 아이가 많이 연습해야 가질 수 있는 능력이다.

아이는 좋아하는 그림을 찾는다. 발견하고 기뻐한다. 엄마가 읽어 주는 소리를 듣는다. 아이는 웃으며 손뼉을 치기도 한다. 엄마가 다음 장을 읽어주려고 책장을 넘기면 자기가 원하는 그림을 다시 찾는다. 그래서 한쪽만 수십 번 읽어 줄 때도 있다.

둘째 아이가 정말 좋아하는 책이 있다. 『달님 안녕』이다.

"아, 나왔네! 달님이 웃고 있네. 달님, 안녕? 안녕하세요."

둘째 아이는 그 부분만 자꾸 읽어 달라고 했다. 마지막 장이 찢어져서 한쪽에 덕지덕지 붙여 놓은 테이프가 이 부분을 얼마나 많이 읽었는지를 말해 준다. 아이가 그만큼 책을 좋아하게 되었다는 말이니까.

2,000일간 책을 읽어 줬을 때의 기적

어릴 때부터 부모가 책을 읽어 준 아이들은 어떨까? 많은 말을 듣고 자란 아이는 이해력이 높아진다. 어휘력도 풍부하게 발달한다. 하버드대학의 인지과학자인 수잔 캐리Susan Carey는 아이들이 새롭게 단어를 배우는 방법을 '잽 매핑 zap mapping'이라고 말했다. 두 살에서 다섯 살 사이 아이들은 날마다 새로운 단어를 2~4개 정도 배운다. 그는 이 수가 더해져서 유년기 동안 수천 개의 어휘를 배운다는 사실을 발견했다.

유치원에 들어가는 나이가 될 때까지 언어가 부족한 가정에서 자란 아이와 풍부한 말을 듣고 자란 아이 사이에는 어떤 차이가 생길까? 이미 3,200만 개 어휘 차이가 벌어진다는 외국 연구 결과가 있다. 단어를 수천 개 듣고 의미를 이해하는 아이들, 여러 가지 단어를 뇌에 저장해 놓고 쓸 줄 아는 아이가 교육 현장에서 유리할 수밖에 없다는 말이다. 이런 격차는 아이가 학교에 들어가서 학습할 때 계속 따라다닌다.

처음에는 큰 차이가 없다. 책으로 놀고 엄마가 읽어 주는 소리만 들었을 뿐이다. 2,000일이란 시간이 지났을 때 그 간격은 어마어마하다. 들은 이야기가 쌓이면서 기적이 일어난다.

스티븐 잡스가 살아 있을 때 스탠포드대학 졸업 축사에서 한 유명한 말이 있다. "connecting the dots."

하얀 종이 위에 찍힌 점 한 개. 처음에는 큰 의미가 없다. 그런 점들이 모이면 선이 된다. 그러다가 나중에는 도화지 위에 멋진 그림이 그려진다는 뜻이다.

지금 점들이 하나씩 모여서 아이만의 특별한 그림이 그려지고 있다. 어느 날 우리 앞에 크고 놀라운 작품이 완성될 것이다. 그러려면 무엇을 해야 할까? 오늘도, 내일도 점을 계속 찍어야 한다. 아이에게 책을 읽어 주는 시간, 당신은 아이만을 위한 특별한 그림에 점을 찍고 있다.

 육아 완벽주의에서 벗어나기

"엄마가 물 올려 놓지 말랬지!"

잠자기 위해 자리에 누웠다가 첫째 아이에게 버럭 소리를 질렀다. 동생이 물 달라고 하면 주겠다며 물컵을 머리맡에 있는 서랍장에 올려 놓았다. 나는 엎지를까 걱정되어 다시 식탁에 갖다 놓으라고 했지만 아이는 갖다 놓지 않았다. 아니나 다를까 둘째 아이가 일어나 컵을 들다가 물을 다 쏟고 말았다. 바닥은 어느새 물바다가 되었다. 갑자기 화가 솟구쳐 첫째 아이에게 모진 말을 내내뱉었다. 아이는 모기보다 작은 소리로 말했다. "엄마, 죄송해요."

물을 닦은 다음 자려고 누웠다. 이미 잠은 달아나 버렸다. 마음을 가라앉히고 생각해 보니 그냥 수건을 가져와서 닦으면 되는 일이었는데 왜 그렇게까지 말했을까. "물을 흘리면 닦는 거야."라고 설명하고 아이에게 닦으라고 가르치면 될 일이었다.

그러나 나는 아이가 실수하는 즉시 고함쟁이 엄마로 변신했다. 『고함쟁이 엄마』에 나오는 아기 펭귄처럼 아이가 온몸이 나뉘어서 내 눈에 보이지 않는 곳으로 도망가 버리면 어쩌지? 내 감정 하나 주체하지 못하면서 어찌 아이를 잘 키울 수 있을까 싶은 마음이 불쑥 올라온다.

"엄마, 나는 엄마 화 푸는 법을 알아요."

다음 날 아이가 편지를 한 통 가져왔다. 안에는 "엄마, 사랑해요."라고 삐뚤삐뚤 크게 쓰여 있었다. 빨간색을 칠한 하트도 잔뜩 그려져 있었다.

어린아이가 어른인 나보다 낫다. 나는 아이가 실수한 행동을 마음에 담아

됐다가 곱씹을 때가 있다. 1절에서 끝날 잔소리가 10절까지 간다. 입을 닫아버리고 싶은데 내 몸이 말을 안 듣는다. 입이 고장 난 게 틀림없다.

반면 아이는 다르다. 언제 그랬냐는 듯이 엄마를 용서한다. 울다가도 금세 웃는다. 엄마에게 와서 사랑한다고 말한다. 내가 아이에게 사랑을 주는 줄 알았는데, 아니다. 아이가 나를 있는 그대로 사랑한다. 내가 보이는 실수도 괜찮다며 이해한다.

내가 아이를 키우는 게 아니었다. 아이가 나를 자라게 했다. 돌아보면 나는 한없이 부족한 엄마다. 아이가 한 살 수준이면 엄마 나이도 한 살이다. 아이가 나이를 먹을수록 엄마 나이도 같이 늘어난다. 더불어 엄마의 내공이 쌓인다.

"1만 시간의 법칙"이란 말이 있다. 한 분야에서 전문가가 되려면 최소한 1만 시간의 훈련이 필요하다는 법칙이다. 1만 시간은 날마다 3시간씩 훈련할 경우 약 10년이 걸린다. 하루에 10시간씩 쏟으면 3년이다. 이 개념은 미국 심리학자 앤더슨 에릭슨이 발표한 논문에서 처음 나왔다.

그는 세계적인 바이올린 연주자와 아마추어 바이올린 연주자를 비교했다. 이들의 실력 차이는 대부분 연주 시간에서 비롯되었다. 우수한 집단은 연주 연습 시간이 1만 시간 이상이었다.

그럼 아이 키우는 시간을 살펴보면 어떨까? 3년이면 아이를 키우는 데 1만 시간도 더 쓴 셈이다. 아이가 태어나서 집에 오는 순간 엄마는 아이 옆에 붙어서 돌보기 시작한다. 제대로 잠을 자지도 못한다. 만성 수면 부족이다. 아이를 계속 업고 안다 보니 온갖 근육통에 시달린다. 적어도 애가 36개월 될 때까지 끝나지 않는 육체노동의 시간을 보낸다.

아이가 자랄수록 1만 시간보다 더 많은 시간을 아이 돌보는 데 썼다. 그렇다고 자신을 육아 전문가라고 자신 있게 말할 수 있을까? 대부분 자신 없어 할 것이다. 나보다 공부를 많이 한 육아 전문가들이 주변에 얼마나 많은지. 텔레비전, SNS, 잡지, 책에서 육아는 이렇게 해야 한다고 떠들어 댄다. 읽다 보면 내가 못 해주는 것들이 너무 많아 늘 아이에게 미안하다.

전문가란 그 분야에서 전문 지식과 능력을 갖춘 사람을 의미한다. 자꾸 실수하면서 경험을 쌓아가는 사람이다. 아이를 키우다 보면 엄마에게 촉이 생긴다. 아이가 어디에 관심을 보이는지, 무엇을 좋아하는지 관찰하면서 알게 된다.

어떤 이는 아이를 내 손으로 키워보지도 않고 책에 나온 이론, 학교에서 배운 내용만 가지고 말한다. 엄마들이 잘 모르는 뇌과학 이론을 들이대며 아이 발달을 주장한다. 이렇게 하는 게 아이에게 좋다면서. 그러다 보면 난 잘 모르니 나보다 나은 전문가에게 아이 교육을 맡기는 게 낫지 않을까라는 생각도 해 보게 된다.

정말 엄마보다 더 나은 육아 전문가가 있을까? 엄마야말로 내 아이 육아에서 가장 좋은 전문가다. 내 아이를 관찰해서 얻은 촉과 내공은 어느 누구도 따라올 수 없다.

더욱이 책육아에서는 엄마가 최고의 전문가다. 아무리 엄청난 사람들이 좋다고 극찬하는 책이라도 내 아이만을 위한 책은 엄마가 고를 수 있다. 엄마의 감을 믿고 아이에 맞게 하나씩 해나가면 된다. 처음부터 잘하는 사람은 없다. 될 때까지 도전하고 배워 나가면 충분하다.

『1만 시간의 재발견』에서는 1만 시간의 법칙이 틀렸다고 말한다. 단순하게 1

만 시간 동안 반복해서는 그 분야에서 뛰어난 전문가가 될 수 없다는 것이다. 진짜 전문가가 되려면 의식적인 연습과 피드백이 필요하다. 안전지대를 뜻하는 컴포트존(comfort zone: 스스로 편안하고 익숙하다고 느끼는 영역 혹은 활동 범위)을 벗어날 수 있도록 정확한 목표를 세우고 행동해야 한다. 이때 중요한 것이 피드백이다. 제대로 평가하고 연습해서 다음 단계로 올라가야 한다.

내가 육아의 최고 전문가라는 생각으로 나를 바꿔나간다. 실수해도 괜찮다. 꾸준히 연습하면 지금보다 더 나은 나를 만날 수 있다. 나는 계속 성장하는 육아 전문가니까. 편안한 환경에서 벗어나서 아이의 행동을 관찰하고 피드백한다. 때에 따라서 책을 읽고 강의를 들으며 필요한 내용을 배우고 생활에서 실천한다.

"아기는 향기로울 수 있고, 사랑스러울 수 있고, 숭배의 대상이 될 수 있다. 그러나 만약 어른이라면 너무나 뻔뻔스러워서 미치광이라고 생각할 수밖에 없는 모든 특성도 가지고 있다."

정신분석가인 애덤 필립스가 한 말이다. 얼마나 와 닿는 표현인가. 나는 사랑스러운 미치광이를 키우고 있다. 어떤 날은 생떼를 쓰며 소리를 지르는 아이 때문에 나도 덩달아 목소리가 커진다. 이러다 둘 다 미쳐버릴 것 같다. 아이를 돌보다 보면 하루에도 수십 번 화가 올라온다. 화를 내면 안 된다고 무조건 참는 것은 건강한 방법이 아니다. 화가 났다면 내 감정부터 제대로 인정한다. 모든 감정은 자연스러운 것이니 감정을 건강하게 표현하는 말을 연습한다.

내가 먼저 해 보고 아이에게 가르치면 된다. 배우고 깨닫는 과정에서 나는 전문가로 성장한다. 자꾸 하다 보면 전보다 욱해서 소리 지르는 횟수가 줄어든다. 스스로 피드백하고 연습하는 자세. 이 모든 것들이 나를 최고의 육아 전문가로 만든다.

    제대로 잠도 자지 못하고 제때 먹지도 못하며 아이를 돌보는 나를 대견하게 여기자. 나는 잘하고 있다. 모르면 공부하고, 실수하면 툴툴 털고 다시 일어나면 된다. 이 세상에 완벽한 사람은 없다. 엄마는 신이 아니다.

    내가 나를 힘들게 하는 육아 완벽주의에서 벗어나자. 내 부족한 모습을 인정하고 나아가는 자세를 아이에게 가르치자. 내 가치는 내가 정한다. 나는 내 아이를 가장 사랑하는 최고의 육아 전문가다.

나는 커다란 물통에 날마다 조금씩 물을 붓기만 한다.
계속 넣다 보면 아이가 가진 물통에 담긴 물이 점점 차오르겠지.
시간이 흐르면 아이만의 독특한 맛이 나는 물을 맛볼 수 있을 거라고 생각한다.
아웃풋은 하루아침에 완성되는 게 아니니까. 크게 기대하지 않는다.

2장

꾸준히 오래 소리 내어 읽어 주기

왜 소리 내어
읽어 줘야 할까?

두 팔 없이 태어난 여자아이가 있었다. 주변 사람들의 반응은 좋지 않았다.

"너무 불쌍해."

"저렇게 팔이 없는데 어떻게 살 수 있을까?"

아이의 부모는 이 상황을 다르게 받아들였다. 먼저 아이에게 이렇게 가르쳤다.

"양팔이 없어도 할 수 있는 건 많아. 날마다 네가 새롭게 할 수 있는 게 뭔지 찾아보면 돼."

부모는 자신이 할 수 있는 걸 찾는 눈을 가질 수 있게 아이에게 말해 주었다. 할 수 없는 일에는 마음 쓰지 않았다. 부모의 사랑과 지지를 받으며 아이는 하루하루 즐겁게 도전해 나갔다.

이 아이는 어떻게 자랐을까? 남들이 손으로 하는 것을 발로 다 해

냈다. 발가락으로 눈에 렌즈를 꼈다. 발로 피아노를 쳤다. 태권도를 배워서 검은 띠를 땄다. 손 없이 할 수 없을 거라고 여기는 비행기 조종사 자격증까지 땄다.

자기가 할 수 있는 일을 바라보고 하나씩 해낸 결과였다. 지구촌의 소식을 소개하는 프로그램 『지구촌 리포트』에 나온 조니 타다라는 미국 여성이다. 그는 어떤 상황에서든 내가 어떤 면을 보는지에 따라서 삶이 달라진다는 사실을 증명해 보였다.

커다란 물통에 매일 조금씩 물을 붓듯이

내가 책육아를 할 때도 마찬가지다. 다른 사람들이 엄마표라는 이름 아래 보여 주는 수많은 활동을 보다 보면 눈이 번쩍 뜨일 만큼 놀랍다. 그에 비해 나는 아이에게 해 주는 게 별로 없다. 그저 소리 내어 책을 읽어 주는 것뿐이다.

잠자기 전, 첫째 아이는 책을 읽어 달라고 가져온다. 13개월부터 시작했으니 어느새 6년째 책을 읽어 주고 있다. 따로 아이를 앉혀 놓고 한글을 가르치지 않았다. 자꾸 읽어 주다 보면 어느 날 아이가 글자에 관심을 가질 거라고 생각했다. 아이에게 이렇게 하라, 저렇게 하라고 요구하지 않았다.

나는 커다란 물통에 날마다 조금씩 물을 붓기만 한다. 계속 넣다 보면 아이가 가진 물통에 담긴 물이 점점 차오르겠지. 시간이 흐르면 아이만의 독특한 맛이 나는 물을 맛볼 수 있을 거라고 생각한다. 아웃풋은 하루아침에 완성되는 게 아니니까. 크게 기대하지 않는다.

'책만 거부하지 말아다오. 들어주기만 해도 괜찮아!'

책을 읽어 줄 때 아이가 도망가지 않는 게 어디나 싶었다. 잘 듣고 있는 아이가 고마웠다. 첫째 아이는 여섯 살이 되더니 글자를 읽기 시작했다. 나에게 읽어달라고 가져오는 책이 확 줄었다.

아이는 자기가 좋아하는 그림책을 수시로 봤다. 놀다가도 한 번씩 조용히 앉아 책장을 넘겼다. 그러더니 어느 날부터 글밥 많은 이야기책도 읽기 시작했다.

아이는 언제, 어디서든 자유롭게 읽는다. 읽다 멈추고 나에게 말해 주기도 한다.

"엄마 지구는 자전하니까 달 모양이 바뀌는 거래요."

"우리 아들 책 보고 있네?"

나는 책을 스스로 읽는 아이가 대견해서 말했다.

"엄마, 책은 보는 게 아니라 읽는 거라고 그랬잖아요!"

아이가 나에게 아직도 못 고쳤냐는 말투로 한숨을 쉬며 말했다. 여러 번 얘기해 줬는데 왜 자꾸 까먹냐고 보는 것은 그림이고, 자기는 글자를 읽고 있는 거라고. 그러니 '책을 읽고 있다'고 말해야 한다고 설명했다. 아이가 한 말이 맞다. 아이는 '보다'와 '읽다'의 차이를 정확히 이해하고 있었다.

이것은 내가 가르쳐 준 게 아니다. 아이는 그동안 엄마가 읽어 준 이야기만 들었을 뿐인데 어느새 단어 뜻도 정확하게 알고 쓸 줄 아는 아이로 자라고 있었다.

책 읽어 주기는 아이의 뇌에 읽기 회로를 만드는 일

인지과학자 스티븐 핑거가 말했다.

"소리에 관한 한 아이들은 이미 선이 연결된 상태다. 반면에 문자는 고생스럽게 추가 조립해야 하는 옵션 액세서리다."

아이는 들으면서 말을 배우는 능력을 타고난다. 세 살 정도가 되면 따로 가르치지 않아도 모국어를 유창하게 말할 수 있는 까닭이다.

하지만 글자를 읽고 뜻을 해석할 수 있는 능력은 다르다. 이미 뇌 안에 갖고 태어나는 아이는 없다. 글자와 의미를 연결하는 선이 뇌에 없기 때문이다. 없는 것을 새롭게 만들려면 수많은 경험과 시간이 필요하다.

갖고 태어나지 않은 선을 연결해 주려면 어떻게 해야 할까? 누군가 아이에게 소리내서 책을 읽어 줘야 한다. 뇌 안에 길을 제대로 닦으려면 충분한 시간이 필요하다. 적어도 태어나서 2,000일 동안은 듣기를 통해 책을 읽고 이해할 수 있는 기본 능력을 갖출 수 있도록 도와야 한다.

모든 아이는 태어나면서 이미 소리를 받아들일 준비가 되어 있다. 아이에게 소리 내서 책을 읽어 주는 단순한 행동은 아이 뇌에 '읽기 회로'라는 새로운 길을 닦는 엄청난 작업이다. 이 일은 언제든 시작할 수 있다. 아이의 수준과도 상관 없다. 누구라도 할 수 있다.

『쿠슐라와 그림책 이야기』에는 한 여자아이가 나온다. 쿠슐라는 염색체 손상으로 비장, 신장, 입 안에 심한 장애를 안고 태어났다. 수시로 근육경련이 일어나서 밤에 2시간 이상 자지 못했다. 네 살이 될 때까지 스스로 물건을 잡을 수도 없었다. 또 아이는 시력도 좋지 않아 손가락 끝의 물건도 구별하기 어려웠다. 아이는 네 살 때 정신지체와 신체장애 판정을 받았다. 쿠슐라의 부모는 아이에게 무엇을 해 주었을까?

바로 생후 4개월부터 책을 읽어 주기 시작했다. 부모는 쿠슐라에게 날마다 10여 권의 책을 읽어 주었다. 쿠슐라는 9개월이 되자 책을 구별했다. 부모는 읽기를 멈추지 않았다. 쿠슐라가 마음에 들어 하는 책은 수백 번 반복해서 읽어 주었다. 아이의 언어는 점점 눈에 띄게 발달했고 여섯 살에는 혼자 글을 읽게 되었다. 쿠슐라의 부모는 말했다.

"잠자는 시간이 일정하지 않아 기나긴 밤을 보내는 데 책이 필요했습니다. 책은 언제든 읽어 줄 수 있었습니다. 책은 쿠슐라와 바깥 세계를 연결하는 하나의 고리가 되었지요."

이제 막 글자를 읽기 시작한 아이가 있다. 그 아이에게 책을 읽어 주면 어떨까? 그러면 아이는 동일한 시간에 더 많은 양의 책과 만날 수 있다. 혼자서는 한 쪽 읽기 버거운 글이라도 부모가 읽어 주면 쉽게 이해할 수 있다. 글에 익숙하지 않은 아이는 책에 나온 글자를 해독하느라 의미는 제대로 이해하지 못한 채 글자를 파악하는 데 시간을 너무 많이 보내버리게 된다.

아이가 글자를 읽을 수 있다는 것과 글을 이해할 수 있다는 것은 다른 의미다. 알파벳을 읽는다고 영어 문장을 유창하게 해석할 수 있는가? 아니다. 정확하게 이해하려면 그만큼 내공이 쌓여야 한다. 뇌에 읽기 회로가 잘 되어 있을수록 글을 읽고 더욱 잘 이해할 수 있다.

아이의 독해 수준을 높이려면 많이 읽게 만드는 게 중요하다. 아는 어휘가 풍부할수록 책을 더 잘 이해한다. 새로운 어휘를 늘리기에 가장 좋은 방법 또한 부모가 소리 내서 책을 읽어 주는 것이다.

"줄줄 외우고 있는 그 책을 절반은 암송하고 절반은 직접 해독하면서 한 페이지, 한 페이지 읽어 나갔다. 마지막 페이지를 덮는 순간, 나는 글을 읽을 수 있다는 사실을 알았다. 미치도록 기뻤다."

프랑스 작가이자 사상가인 장 폴 사르트르 역시 책을 읽는 과정은 여느 아이들과 비슷했다. 어린 사르트르는 이미 외우고 있는 책의 글자를 해독하다가 마침내 글을 읽을 수 있게 되자 감격했다. 아이가 글을 읽을 수 있다는 사실을 깨닫는 즐거움. 아이의 그릇이 차고 넘칠 때까지. 가슴이 터질 듯이 감격스러운 날을 아이가 맞이할 수 있도록 오늘도 아이에게 소리 내어 책을 읽어 주자.

언제까지
읽어 주면 좋을까?

"오늘 잠자기 전에 읽어 줄 책 가져와."

첫째 아이는 그림책 1권, 영어책 1권을 가지고 왔다. 둘째 아이는 나를 따라서 방으로 들어와 두리번거렸다.

"꺄아!!!" 뭔가 발견한 모양이다. '뭐지? 뭘 보고 저렇게 좋아하지?' 아이를 바라보았다. 이번 주에 읽어 주고 있는 『엄마 마중』 이야기책이었다. 아이는 그 책을 가지고 와 나에게 웃으며 건넸다. 둘째 아이는 오늘 엄마가 읽어 주는 책을 정확히 알고 있었던 것이다. 22개월 아기도 날마다 같은 행동을 보여 주면 다음에 어떤 책을 읽는지 예측한다. 아이가 가지고 있는 능력은 정말 신기하고 놀랍다.

『엄마 마중』에 있는 여러 이야기에서 한 개를 고르는 시간. 첫째 아이에게 "오늘은 뭐 읽어 줄까?" 하고 물어본다. 아이는 "오늘은 엄마가 골라 주세요."라고 말한다. 그러면 두 개 중에 선택해 보라고 제목을 불러 준다. 아이가 하나를 정하면 천천히 읽어 준다. 아이는 옆에 누워서 듣는다. 앉아서 같이 책을 보기도 한다. 둘째 아이는 돌아다니면서 듣는다. 자유롭게 듣는 아이들 곁에서 나는 6년째 책을 읽어주고 있다.

아이에게 책을 읽어 주는 일이 생각보다 쉽지 않아서 많은 부모는 얼른 아이가 알아서 혼자 읽기를 바란다. 아이가 진정한 읽기 독립을 하는 순간을 손꼽아 기다린다.

그토록 간절하게 바라는 '읽기 독립'이란 무엇인가? 엄마에게 더 이상 책을 가져오지 않고 아이 스스로 책을 읽는 단계다. "책 읽어라."고 말하지 않아도 아이는 알아서 읽는다. 많은 부모는 아이가 혼자 책을 읽는 날이 빨리 올수록 좋다고 생각한다. 그런 날이 오면 더는 목 아프게 읽어주지 않아도 되니까. 아이도 혼자서 읽어야 더 많이 읽을 수 있을 테니까.

요즘은 아이가 유치원 다닐 때부터 한글을 가르친다. 그보다 더 일찍 시작하는 아이들도 있다. 글을 깨치면 어떻게든 부모는 읽기 독립을 시키려고 애쓴다. 초등 입학 전까지 그토록 열심히 책을 읽어 주던 부모들조차도 말이다. 부모들의 뜻대로 요즘 아이들은 일찍 글자를 알고 책을 읽으며 자란다. 그런 아이들이 학년이 올라가면 책과 어떤 관계를 맺을까? 계속 책을 좋아하고 가까이할까?

우리나라 사람들이 1년 동안 얼마나 많은 종이책을 읽는지 조사한 결과가 있다. 2017년 국민 독서실태 조사에서 사람들이 1년에 읽는 종이책 양을 알아봤다. 그 결과 초등학생은 67.1권, 중학생은 18.5

권, 고등학생은 8.8권이었다.

학년이 올라갈수록 책 읽는 양이 확 떨어진다. 성인은 어떨까? 10명 중 4명은 1년에 종이책을 1권도 읽지 않는다고 나왔다. 결과를 보면 그나마 초등학생이 책을 가장 많이 읽는 편이다.

여기에서 주목해야 할 점은 "독서를 방해하는 요인이 무엇입니까?"에 대한 답이다. 사람들은 어떤 까닭으로 책을 읽지 못하고 있을까? 1위는 (학교, 학원) 때문에 시간이 없어서, 2위는 책 읽기가 싫고 습관이 들지 않아서다.

책과 멀어지는 이유가 많겠지만 통계에서 나온 것처럼 아이들은 학교에 입학하는 순간 너무 바빠진다. 학교 끝나면 학원에 가야 하고, 집에 오면 숙제를 해야 한다. 저녁 먹고 숙제하면 자야 하는 시간이다. 책 읽을 시간이 없는 게 맞다.

더구나 독서는 꼭 해야 하는 일이 아니다. 학년이 올라갈수록 아이는 책과 멀어질 수밖에 없는 환경이다. 부모도 초등학교 때까지는 아이 독서를 손에서 놓지 않으려고 노력한다. 전문가들이 책 읽는 게 좋다고 말하니까 어떻게든 읽힌다.

하지만 십대 아이들은 어떨까? 십대만 돼도 부모가 하는 좋은 말은 잔소리일 뿐이다. 부모가 "책 읽어라!" 하는 말에 "네." 하고 대답하는 아이가 얼마나 있을까? 말도 꺼내지 못하게 한다. 더는 아이 스스로 책을 찾아서 읽지 않는다. 성인이 1년에 종이책을 1권도 안 읽는 상황을 보면 아이만 나무랄 일도 아니다.

언젠가 읽기 독립을 하는 날이 온다

우리는 어떻게 아이가 계속 책을 읽도록 도와줄 수 있을까? 무엇보다 아이 스스로 책 읽기의 즐거움을 느낄 수 있게 만들어야 한다. 아이가 책 읽기의 즐거움을 계속 맛볼 수 있는 길을 제시해 주어야 한다. 유창하게 독해하는 독서 단계가 될 때까지 엄마는 아이가 자라는 단계에 맞춰 아이 수준에 맞는 책을 찾아서 읽어 주자.

독서 발달 단계는 모두 5단계다. 예비독서가, 초보독서가, 해독하는 독서가, 유창하게 독해하는 독서가, 숙련된 독서가이다. 다음 장 '내 아이를 위한 독서 로드맵 그리기'에서 독서 발달 단계를 자세히 다루고 있다. 숙련된 독서가는 우리가 최종으로 가야 할 목적지다.

숙련된 독서가는 책을 읽을 때 뇌를 조금만 쓰는 단계다. 이미 뇌 안에 독서를 위한 신경회로가 만들어졌기 때문이다. 책을 읽는 일에 뇌가 최적화된 상태다. 뇌를 조금만 써도 글을 잘 이해하고 비판할 수 있다.

숙련된 독서가가 되기 전 단계, 유창하게 독해하는 독서가는 초등학교 고학년 정도 되면 다다를 수 있다. 이 시기가 될 때까지는 부모가 아이에게 책을 읽어 주면 좋다. 『하루 15분 책 읽어 주기』에 보면 아이의 읽기 수준과 듣기 수준이 중학교 2학년 무렵에 같아진다고 한다. 그전까지는 아이가 혼자 책을 읽을 때는 무슨 뜻인지 모르는 것도 들을 때는 이해할 수 있다.

유치원에 다니는 아이는 초등학교 1~2학년 수준의 책을 읽어 주면 이해할 수 있다. 초등학교 5학년 아이라면 중학생 수준의 이야기도 알아들을 수 있다. 아이가 자랄수록 이해할 수 있는 수준의 책을 골라서 읽어 주는 것이 중요하다.

무엇보다 아이 나이에 따라서 한정된 어휘가 아닌 다양한 어휘가 있는 책을 읽어 줘야 한다. 다섯 살 아이라면 이미 5년 동안 모국어를 들은 상태다. 일상생활에서 어른이 말하는 웬만한 대화는 이해한다.

아이가 수용할 수 있는 문장도 늘어난다. 처음에는 2줄짜리 간단한 그림책도 이해하지 못했지만, 어느새 한쪽에 글이 10~20줄 되는 그림책도 알아듣는다. 이제 막 글자를 읽기 시작한 아이는 한 글자씩 더듬더듬 읽는다. 하지만 부모가 읽어 주면 훨씬 많은 문장의 글을 이해할 수 있다.

그림책에서 시작하여 다섯 살부터는 이야기책을 읽어 줄 수 있다. 짧은 단편부터 장편 소설까지 조금씩 나눠서 읽어 주면 된다.

"난 의무적인 독서는 잘못되었다고 생각해요. 의무적인 독서보다는 차라리 의무적인 사랑이나 의무적인 행복에 관해 이야기하는 게 나을 거예요. 우리는 즐거움을 위해 책을 읽어야 해요."

아르헨티나 소설가이자 시인인 호르헤 루이스 보르헤르가 한 말이다. 책이 재미있다고 여길 때 아이는 스스로 책을 찾아서 읽는다. 우리가 바라는 순간이 분명히 온다. 부모가 인내심을 가지고 읽어 주다 보면 어느 날 아이가 말할 것이다.

"엄마, 나는 혼자 읽는 게 좋아요. 이제 그만 읽어주세요!"

아이가 읽기 독립하는 날까지. 아이 수준에 맞는 그림책, 이야기책, 고전 문학으로 폭넓게 읽어 주자.

내 아이를 위한
독서 로드맵 그리기

나는 이 세상의 축제에 초대받았습니다. 그렇게 내 삶은 축복받았습니다. 내 눈은 보았고, 내 귀는 들었습니다.
이 축제에서 내가 맡은 일은 나의 악기를 연주하는 일이었습니다. 그리고 나는 최선을 다해 연주했습니다.

인도 시인 타고르가 쓴 『기탄잘리』에 나오는 시다. 이 세상에 태어난 나는 축복받은 사람이다. 지금 내 인생만의 잔치가 열리고 있다. 악기를 연주하든, 요리를 하든, 손님을 대접하든. 잔치를 잘 끝내려면 내가 맡은 일을 잘 해내는 것이 중요하다.

자녀는 귀한 선물이다. 아이가 태어나서 가정에 주는 기쁨은 참으로 크다. 내 인생에서 열리는 잔치를 더 풍요롭게 해준다. 나는 어떤 일을 감당하면 좋을까? 아이와 함께하는 소중한 시간 동안 무엇을 할까?

엄마가 되어 보니 아이에게 많은 것을 주고 싶다. 영양가 있는 음식, 편안한 잠자리, 한없는 애정. 이를 위해 요리하고 집을 청소한다. 모든 것들에는 아이를 향한 사랑이 담겨 있다. 아이에게 값진 것을 주고 싶다.

누군가 나에게 "당신은 아이에게 줄 수 있는 선물 중 하나를 고르라면 무엇을 선택할 건가요?"하고 묻는다면 나는 이렇게 대답할 것이다.

"아이에게 책 읽어 주기요!"

나는 아이에게 책을 읽어주면서 사랑을 노래한다. 이 귀한 일을 아주 긴 시간 동안 아이 곁에서 부를 것이다.

아이에게 책을 읽어 준다는 것은 어떤 의미일까? "책을 읽는다는 것 자체가 중요한 것은 아니다. 책 읽기를 좋아하지 않아도 다른 것을 통해 도움을 받아 성장할 수 있다면 그것 역시 좋은 일이다. 사실 예전에는 어린이들 주위에 '적절한 도움'들이 있었기 때문에 책 읽기가 그다지 중요하지 않았다. 하지만 지금은 어린이를 둘러싼 환경이 급속히 나빠졌고, '적절한 도움'을 받는 것이 어려워졌다. 그 때문에 아이에게 책과 행복한 만남이 필요하다.

_와키 아키고,『그림책에서 이야기책까지』

아이들은 자라면서 많은 것을 배운다. 이때 누군가의 사랑이 담긴 적절한 도움이 필요하다. 예전에는 아이 주변에 아이를 돌봐주고 가르쳐주는 이가 많았다. 지금은 어떤가? 그 역할을 거의 엄마가 감당한다. 아이가 경험할 수 있는 부분이 턱없이 부족하다. 이런 상황에서 책은 아이가 체험하기 힘든 부분을 채워 준다.

  책은 사람을 한 곳에 가두지 않는다. 책은 시간과 공간을 뛰어넘는다. 책을 쓴 사람과 대화를 나누며 공감대를 만든다. 내가 얼마나 작은 존재인지, 나를 발견하게 한다.

> 책에 쌓인 먼지를 털어내고
> 단정한 차림으로 옛사람을 대하네.
> 책에 쓰인 건 모두 피와 땀이라
> 알고 나니 정신을 돕네.
> 도끼를 들어 주옥을 깨고
> 그물을 쳐 고운 물고기를 잡듯
> 나도 한 자루 비를 들고
> 온 땅의 가시를 쓸리라.

  중국 명나라의 문인 원굉도가 쓴 「독서」라는 시다. 책을 읽으며 옛사람을 만나서 내 정신을 깨운다. 단순하게 더듬더듬 글자를 읽던 수준에서 나아가 내 삶에 의미 있는 책 읽기를 하게 된다.

숙련된 독서가로 키우는 데 필요한 일

  프란츠 카프카는 "책이란 우리 내면에 존재하는 얼어붙은 바다를 깨는 도끼여야만 한다."라고 했다. 책을 읽다 보면 어느새 생각하고 비판하고 나를 바꾸는 단계로 성장한다. 여기까지 가는 긴 시간 동안 몇 가지 독서 단계를 거친다. 다음은 『책 읽는 뇌』에 나온 독서 단계를 인용하여 내용을 더했다.

1. 예비독서가

여섯 살 아래 영유아 시기의 아이들이다. 부모 무릎에 앉아 이야기를 듣는 단계다. 이때는 아이가 느끼는 감정 상태가 중요해 책 읽어 주는 것을 좋아해야 계속 해줄 수 있다. 함께 보낸 시간과 엄마에게 들은 어휘의 양은 아이가 앞으로 성취할 독서수준을 예측할 수 있는 좋은 척도가 된다.

이 시기 아이에게는 그림책을 읽어 준다. 아이가 관심을 보이는 주제로 찾아서 읽어 주면 책을 좋아하게 된다. 그림책을 많이 듣고 자란 아이라면 다섯 살 때부터 글밥 있는 이야기책을 같이 읽어 줄 수 있다. 글밥 많은 책도 아이가 흥미있어 하는 주제의 책으로 하루에 10~15분 정도 조금씩 나누어 읽어준다.

2. 초보독서가

아이가 글자를 읽을 수 있는 단계다. 글자마다 의미가 있다는 것을 깨닫는다. 의미를 알면 독서의 질이 높아진다. 이때는 문자와 소리가 연결되어 있다는 사실을 깨닫기 위해 아이가 엄청나게 애쓰는 시기다.

우리말은 글자대로 발음하지 않는다. 받침 있는 단어는 다음 글자에 따라 소리가 바뀐다. 예를 들어 "할아버지 있어요."를 발음할 때는 "하라버지 이써요."로 해야 옳다. 엄마가 읽어 주는 소리를 듣다 보면 아이는 어느 순간 우리말 규칙을 알아서 익힌다. 6~8세 사이 아이들이 이 시기에 속한다.

이 단계에서는 고전 문학을 가볍게 시작할 수 있다. 이야기책에 익숙해진 아이는 고전 문학도 쉽게 받아들인다. 아이가 이해할 수 있는 내용을 담은 작품을 골라서 읽어 준다.

고전 문학은 필요한 부분만 뽑아서 읽어 줄 수 있다. 처음부터 끝까지 다 읽어 줘도 괜찮은 책과 일부분만 읽어 주면 좋은 책이 있다. 부분을 골라 읽어 줄 때는 책에 형광펜이나 색 볼펜으로 미리 표시해 놓는다. 그림책과 이야기책도 계속 진행할 수 있다.

3. 해독하는 독서가

아이는 매끄럽고 자신감 있는 목소리로 문장을 읽는다. 마태효과가 나타나는 시기다. 마태효과는 성경에 나오는 "부유한 사람은 더욱 부유해지고 가난한 사람은 더 가난해진다."는 법칙이다.

어휘가 빈곤한 아이와 풍부한 아이가 보여 주는 차이가 드러나는 시기다. 유창하게 읽는 시간이 늘어나면 추론하고 통찰하는 능력이 조금씩 생긴다. 모든 학습의 기본이 되는 메타인지와 연결된다. 메타인지는 자기가 읽은 내용을 이해했는지, 모르겠는지를 스스로 아는 능력을 말한다. 8~11세는 아이들의 메타인지가 자라는 중요한 시기다.

이때는 고전 철학까지도 읽어 줄 수 있다. 아이가 자기만의 기준을 세우고 생각을 표현할 수 있도록 도와준다. 고전 철학을 읽으면서 자기 생각을 표현할 수 있도록 대화를 나눈다. 하루에 10~15분 정도 아이와 함께 좋은 문장을 골라서 필사를 하는 것도 괜찮은 방법이다. 베껴쓴 다음에 자기 생각을 짧게 글로 쓰고 말하는 습관을 만들어 줄 수 있다.

4. 유창하게 독해하는 독서가

문장이 의미하는 숨은 뜻까지 이해하는 단계다. 은유, 반대말, 숨겨진 의미, 작가의 의도를 파악할 수 있다. 진정한 읽기 독립이 이루어진 단계다. 문장에 숨어 있는 신세계를 발견한다. 글을 읽으면서 전보다 더 많은 감정을 느낀다. 누가 도와주지 않아도 자유롭게 책을 읽을 수 있다.

초등학교 후반부터 어른으로 자랄 때까지 계속되는 여정이다. 이 단계에서는 여러 분야의 책을 다양하게 읽을 수 있다. 아이와 같은 책을 읽고 자유롭게 생각을 토론하기에 좋은 단계다.

5. 숙련된 독서가

책을 읽을 때 그동안 내가 읽은 내용과 새로운 내용을 연결한다. 어떤 단어에 대한 지식이 확실할수록 더 빠르고 정확하게 읽을 수 있다. 읽은 내용에 대한 해석이 깊어진다. 단순하게 작가의 생각에서 끝나지 않고 나만의 새로운 길을 만들어나간다. 책을 쓰는 수준까지 성장할 수 있다. 성인이 되어 계속 연습해야 하는 단계다.

이처럼 건강하게 독서단계를 밟아 가려면 무엇을 해야 할까? 내 아이에게 맞는 독서 로드맵을 그려 보자. 읽기 독립을 하는 수준인 유창하게 독해하는 독서가에 이르기까지 밑그림을 그리고 시작하면 좋다.

대부분 부모는 아이가 학교에 들어가기 전까지 열심히 그림책을 읽어 준다. 그러다 아이가 글자를 읽는 순간 멈춰버린다. "이제는 글자를 읽을 줄 아니까 혼자 해." 하고 책 읽어 주기를 끝낸다.

독서 발달 단계를 보면 적어도 아이가 유창하게 독서하는 수준까지는 읽어줘야 한다. 읽어 줄 책의 종류는 그림책부터 고전까지 폭넓게 다룰 수 있다. 지금 우리 아이 수준에 맞는 책을 읽어 주면 어떨까?

엄마부터
그림책을 즐겨야 한다

별 하나에 추억과

별 하나에 사랑과

별 하나에 쓸쓸함과

별 하나에 동경과

별 하나에 시와

별 하나에 어머니, 어머니

두 아이에게 윤동주가 쓴 시 「별 헤는 밤」을 읽어 주었다. 나도 모르게 목이 메었다. 순간 울컥했다. 왜 그랬는지 모르겠다. 엄마가 되어 늘어난 것은 뱃살과 눈물이라던가.

아이를 키우기 전엔 몰랐다. 시가 이렇게 아름다울 줄이야! 가슴이 저밀 줄이야! 어떤 날은 그림책을 읽어 주다가 내가 더 웃는다. 재미있고 유쾌하다. 이렇게 내 마음을 잘 표현한 책이 있다니, 놀라울 따름이다.

아이를 키우기 전에는 그림책 세계를 잘 몰랐다. 그림책 시장이 이렇게 넓을 줄이야! 처음에는 손에 잡히는 아무 책이나 읽어 주면 되는 줄 알았다. 막상 시작하려고 보니 수많은 책 가운데 어디서부터 시작해야 좋은지 난감했다. 누군가 이 시기에는 이 책이, 이럴 때는 이 책이 좋다며 떡하니 갖다 주면 좋겠다는 생각마저 들었다.

아이에게 좋은 음식을 먹이기 위해 유기농 재료를 찾듯이 그림책도 조금 더 좋은 것을 읽어 주기 위해서 엄마의 발품 파는 수고가 필요하다. 시행착오를 겪을 수밖에 없지만 결코 그 노력이 헛되지 않다는 것을 어느 순간 깨달았다.

지금은 그림책 전성시대다. 서점에 가도 한 영역은 그림책으로 가득하다. 어린이도서관에 가도 수많은 그림책을 만날 수 있다. 어떤 그림책을 읽어 주라고 안내하는 책도 수없이 많다. 없어서 못 읽어 주는 시대가 아니다.

출판사에서 무료로 해주는 독서 발달 검사가 있다. 검사 결과를 보고 내 아이에게 맞는 좋은 책을 추천해 준단다. 자연관찰, 전래동화, 세계명작, 창작동화, 수학동화, 인성동화, 예술동화까지 분야별로 잘 나뉘어 있다. 이렇게 읽으면 골고루 발달한단다. 한 권, 두 권 낱권으로 사는 것보다 세트로 사두면 편할 것 같기도 하다. 그런데 책값을 들어보고 헉 소리가 절로 났다. 아이에게 맞는 영역으로 한꺼번에 다 사려면 500만 원은 있어야 한다니! 잠시 고민했다. 물론 10개월 할

부로 긁을 수 있다. 내 아이를 위해서 '이 정도도 못 하겠는가.'라는 생각이 스쳤다. 여기서 멈추어야 한다. 카드를 긁기에 앞서 엄마부터 그림책 공부를 시작해야 한다. 그러고나서 전문가들이 추천하는 책을 살펴봐도 늦지 않다.

자꾸 볼수록 그림책 고르는 눈이 향상된다

그림책이란 무엇일까? 말 그대로 그림과 글자가 함께 있는 책이다. 뉴질랜드 도서관 사서이자 아동문학 평론가인 화이트 Dorothy White 가 한 말은 인상 깊다.

"그림책은 어린이가 처음으로 만나는 책입니다. 앞으로 기나긴 독서 생활에서 읽게 될 책 가운데 가장 소중한 책입니다. 그 아이가 그림책 속에서 찾아낸 즐거움의 양에 따라 평생 책을 좋아하느냐 그렇지 못하느냐가 결정됩니다. 그 때문에 그림책은 가장 아름다운 책이어야 합니다. 화가, 작가, 편집자, 제작자, 독자가 함께 어우러져서 어떤 책보다 아름답고 매력적인 것으로 만들어야 합니다. 조각이나 영화처럼 그림책도 하나의 독자적인 예술 형식입니다."

그림책은 누가 그림을 그리고 글을 썼는지에 따라서 굉장히 다르다. 사람이 다양한 만큼 그림책 세계도 넓을 수밖에 없다. 이제는 내 아이에게 맞는 책을 찾는 여행을 떠나자. 땅속에 숨겨진 보석을 캐는 마음으로. 뭐가 나올지 알 수 없는 비밀의 문을 여는 기분으로.

"보드북은 뭐가 좋아요?"

"플랩북과 팝업북은 어때요? 아이에게 괜찮은가요?"

"아이에게 좋은 노부영 추천해 주세요."

"사운드북 괜찮은가요?"

인터넷에 올라오는 엄마들의 질문. '보드북, 플랩북, 팝업북, 사운드북, 노부영(노래 부르는 영어 동화)'. 이게 다 무슨 말인지, 아이 낳기 전에는 들어보지도 못 했던 신조어들이다. 낯선 단어일수록 의미를 알고 있으면 좋다. 그림책은 단순하게 글과 그림만 있는 책이 아니다. 다음과 같이 여러 종류로 나뉜다.

1. 보드북

처음부터 끝까지 종이가 두껍다. 어린 아기들은 손에 잡히면 다 입에 넣으니까. 더구나 어릴수록 책을 잘 찢는다. 보드북은 잘 찢어지지 않고 아이 혼자 책장을 쉽게 넘길 수 있는 것이 장점이다.

2. 헝겊책

헝겊 재질로 만든 책이다. 부드러워서 어린 아기들이 장난감처럼 가지고 놀 수 있다. 인형처럼 안고 다닐 수 있다.

3. 하드커버

흔히 양장본이라고도 부른다. 딱딱한 표지로 된 책을 말한다. 그림책에서 가장 많이 볼 수 있는 형태다.

4. 플랩북

책 안에 종이가 덧대어 있다. 접힌 부분을 펼치면 다른 그림이 나온다. 이 책은 숨바꼭질을 하는 기분이다. 아이가 어릴수록 펼치다가 찢어지기 쉬워 힘 조절을 할 수 있을 때 보면 좋다. 아니면 접힌 부분에 테이프를 튼튼하게 붙여놔야 한다.

5. 팝업북

책을 펼쳤을 때 입체로 그림이 나온다. 이 책도 어린아이들이 넘기다가 찢어지기 쉬운 단점이 있다. 테이프로 세심하게 붙여 잘 찢어지지 않게 한다.

6. 사운드북

그림책 안에 버튼이 몇 개 있다. 누르면 소리가 난다. 사물 이름, 동물 소리, 동요, 영어까지 다양하게 나와 있다.

7. 글자 없는 책

그림만 있는 책이다. 엄마가 말을 만들어서 읽어 주기에 좋다.

일단 엄마가 그림책에 대한 공부를 한다. 그림책을 잘 모르는 초보를 위한 책 가운데서 살펴보면 좋다. 어떻게 그림책을 대해야 하는지, 아이에게 읽어 주는 방법 등을 배울 수 있다.

책 안에 나온 리스트를 모아서 도서관에서 한 권씩 찾아본다. 그 안에서 우리 아이에게 읽어 주고 싶은 것으로 골라본다. 다음과 같은 방법으로 우리 집만의 그림책 목록을 만들어 볼 수 있다.

1. 그림부터 본다.

글자를 모르는 것처럼 그림부터 찬찬히 살펴본다. 글자를 보지 않는다. 아이들은 그림으로 이해하기 때문이다. 그림이 조화로운지, 스토리를 이해할 수 있는지 살펴본다.

2. 소리 내어 읽어 본다.

그림책은 아이에게 들려줘야 하는 책이다. 말이 재미있는지, 소리 내서 읽을 때 어색하지 않은지 느껴본다.

3. 책을 산다.

도서관에서 미리보기를 한 책 중에서 고른다. 한 달에 2~3만 원 안에서 산다. 열 달이면 30권이다.

아이에게 그림책을 읽어 줄 때 엄마부터 그림책을 좋아하고 읽기를 즐겨야 한다. 의무감으로 읽어준다면 오래가지 못할뿐더러 아이도 금세 엄마의 감정을 눈치챈다. 즐겁지 않은데 해야 한다는 강박은 스트레스일 뿐이다. 아무리 아이에게 좋다고 해도 엄마가 즐길 수 없으면 그 시간이 얼마나 고되겠는가!

좋은 그림책을 찾는 안목은 많이 봐야 길러진다. 처음부터 완벽하게 잘할 수는 없다. 자꾸 만나고 친해지는 시간이 필요하다. 그림책과 가까워진다는 가벼운 마음으로 시작하자.

엄마의 감을
믿어라

　미국 스와스모어대학 심리학 교수 베리 스와츠는 잼을 가지고 재미있는 실험을 했다. 사람들을 두 그룹으로 나누어 가게에서 잼을 사게 했다.

　한 그룹에는 잼 6개를, 다른 그룹에는 잼 24개를 진열하여 보여 주었다. 두 그룹의 사람 중 어떤 그룹이 잼을 더 많이 샀을까?

　잼 6개가 진열된 것을 본 그룹이었다. 24개를 본 그룹은 선택의 폭이 넓어지면서 고려해야 할 경우의 수가 많아지자 혼란을 느낀 나머지 사람들이 구매를 포기했다. 실험 결과를 보고 스와츠 교수는 말했다. "너무 많은 선택지가 있을 때 오히려 사람들은 결정하기 힘들어합니다." 이를 '선택의 역설'이라고 부른다.

전집이 좋을까, 단행본이 좋을까

책육아를 시작할 때 내 모습이 그랬다. 눈앞에 책이 없는 게 아니었다. 오히려 읽어 주면 좋을 책이 많아도 너무 많았다. 도대체 무슨 책부터 아이에게 보여 줘야 좋을지 고민스러웠다. 나는 수없이 많은 책 속에서 길을 잃어버렸다. 무슨 책부터 시작해야 하는 걸까?

먼저 전집과 단행본 사이에서의 결정이 어려웠다. 어떤 이는 아이가 어릴수록 전집을 사는 게 더 낫다고 했다. 달마다 부담스럽지 않게 10만 원 안에서 전집을 샀다고 했다. 다른 쪽에서는 전집은 낭비라며 한 권씩 고르는 게 더 낫다고 주장했다.

아이에게 전집이 좋을까, 단행본이 좋을까? 먼저 두 가지에서 얻을 수 있는 부분이 어떻게 다른지 찾아봤다. 전집에서 얻을 수 있는 장점부터 알아보자.

첫째, 읽어 줄 수 있는 책이 많다.
둘째, 책이 나이별과 영역별로 잘 나뉘어 있다.
셋째, 낱권으로 책을 고르는 수고와 시간을 줄일 수 있다. 아이가 어릴수록 수준에 딱 맞는 책을 찾기 힘들다. 그러니까 나이에 맞게 나온 책 중에 골라서 읽어 주면 된다.

단행본은 어떨까? 낱권으로 책을 선택할 때 얻을 수 있는 좋은 점은 다음과 같다.

첫째, 아이 취향을 알 수 있다.

둘째, 자꾸 하다 보면 엄마 스스로 책을 고르는 눈이 길러진다.

셋째, 하나하나 따져서 보기 때문에 질 좋은 책을 살 수 있다.

넷째, 작가가 심혈을 기울여서 만든 책이 많다. 전집은 한 번에 수십 권씩 세트로 만든다. 그러다 보면 작품의 질에 편차가 있다.

두 가지 모두 장단점이 있다. 책육아에서 무조건 전집만 좋다, 단행본이 제일이라고 말할 수는 없다.

아이에게 왜 책을 읽어 주려고 하는가

뭐가 나은지 모르겠으니 우선 전집부터 사려고 했다. 하지만 전집을 사자니 가격이 부담스러웠다. 중고마을을 뒤졌다. 특A급부터 쩍 벌어진다는 표현까지. 박스째 모셔두고 있다는 글 안에서 나는 헤매고 있었다. 결정을 쉽게 내릴 수 없었다.

그럼 단행본으로 사면 될까? 더 힘들었다. 전집에 있는 책 한 권에 견주자니 단행본 책값은 더 비쌌다. 한 권씩 골라서 산다는 게 말처럼 쉽지 않았다. 책 가격을 생각하니 신중하게 고르게 되었다. 하지만 나에게는 수많은 책 가운데 아이에게 맞는 낱권을 고르는 매의 눈이 없었다. 책육아를 시작하자마자 뚝딱 생기는 능력이 아니었다.

오히려 많은 정보가 내 머릿속을 더 복잡하게 만들었다. 계속 인터넷 화면을 보자니 눈만 아팠다. 책은 사지도 못하겠다. 의미 없는 시간만 보내다가 아이가 초등학교에 들어갈 것 같았다.

그러다 알게 되었다. 나는 완벽하게 좋은 책을 찾고 있었다. 내가 사는 책을 아이가 무조건 좋아해 주기를 바랐다. 시행착오도 없이 한 번에 가장 좋은 책을 골라내려 했다. 그림책 전문가도 아니면서 한 번에 찾으려 했다니.

아이에게 어떤 그림책이 좋은지, 아이는 어디에 관심이 있는지조차 몰랐다. 이런 상황에서 어떻게 아이에게 맞는 책을 고를 수 있겠는가. 계속 실수하고 배우면서 우리 가정에 맞는 길을 만들어 갈 수밖에 없었다. 나에게 필요한 것은 엄마가 가진 감이었다. 내 촉을 믿고 실패하더라도 꿋꿋하게 해나가는 오뚝이 정신이었다.

레밍이라는 동물이 있다. 동물학자들은 레밍이 한 번씩 보이는 특성을 이상하게 여겼다. 많은 레밍들이 몇 년을 주기로 낭떠러지에 떨어져 집단으로 죽기 때문이었다. 어느 날 레밍 몇 마리가 이유 없이 달리기 시작했다. 그런 무리를 발견한 다른 레밍은 잠시 두리번거렸다. 조금 망설이다가 곧 같이 달렸다. 순식간에 함께 달리는 수가 셀 수 없이 늘었다.

제일 앞에 달리던 레밍이 낭떠러지를 발견했다. 멈추려고 했다. 그러나 뒤를 따라 힘껏 달려오는 수많은 레밍에 떠밀렸다. 모두 낭떠러지에서 떨어져 죽었다. 어디로 가는지 왜 가는지 살펴보지 않은 채 무작정 따라간 결과였다.

남들이 좋다는 책, 다른 집 아이에게 대박 난 전집을 따라 사는 것은 정답이 아니다. 나는 책육아를 하는 근본 까닭부터 다시 세워야 했다. 나는 왜 아이에게 책을 읽어 주려고 하는지, 어떤 아이로 키우고 싶은지 나에게 솔직하게 물어보았다.

니체는 말했다. "자신의 '왜'라는 의문에 명백한 대답을 제시할 수 있다면 이후의 모든 것은 매우 간단해진다." 내가 아이에게 책을 읽어 주고 싶은 까닭은 무엇인가? 바로 아이가 책을 좋아하도록 도와주고 싶었기 때문이다. 아이가 책을 벗 삼아서 자라길 바랐다. 책 속에서 길을 찾아 자신만의 걸음으로 당당하게 세상을 헤쳐나가는 아이로 키우고 싶었다. 자신 안에 있는 문제를 치열하게 고민하며 책과 함께 나만의 답을 찾아가는 삶을 살면 좋겠다고 생각했다.

책육아를 하는 까닭을 알고 나니 행동으로 옮기기 쉬웠다. 어떤 책을 골라야 하는지는 아이에게 답이 있었다. 전집에서 고를까, 단행본에서 고를까, 그 질문의 열쇠는 아이가 쥐고 있었다. "아이가 일곱 살인데요. 어떤 전집이 좋아요?"라며 다른 집 엄마에게 물어볼 일이 아니었다.

무엇을 살지 고민할 시간에 빠르게 결정하고 한 권이라도 아이에게 들이밀었다. 실패하는 책이 많았다. 어떤 책은 아이가 거들떠보지지도 않았다. 외면받는 책을 보면 마음이 쓰렸다.

여러 경험들이 쌓이면서 시간이 갈수록 아이에 대해 많은 것을 알 수 있었다. 내 촉은 날카롭게 단련되었다. 주제에 따라서 단행본이 좋은 책이 있다. 공룡을 한창 좋아할 때는 전집으로 사주는 게 효과적이다.

너를 사랑해 언제까지나

> 너를 사랑해 어떤 일이 닥쳐도
> 내가 살아 있는 한
> 너는 늘 나의 귀여운 아기

『언제까지나 너를 사랑해』에 나오는 글처럼 나는 오늘도 아이를 사랑하는 마음으로 책을 고른다. 내 아이만을 위한 책을 선택한다. 엄마의 감을 믿고 하나씩 해나간다. 그 가운데 아이는 책을 사랑하는 아이로 자랄 것이다. 이제 엄마의 촉을 믿자.

자기 생각을 말할 줄 아는 나이가 되면 부모는
책을 읽어 주고 질문하는 사람으로 자리를 옮긴다.
단순하게 내용을 확인하는 질문이 아니다. 책 한 권을 읽더라도
고민해 볼 수 있는 질문거리를 가볍게 던지는 것이다.

3장

하루 한 권 그림책 읽기

그림책,
하루 한 권이면 충분하다

밤 12시.

나는 졸면서 아이에게 책을 읽어 주고 있다. 내가 지금 무슨 말을 하고 있는 거지? 어느 순간 다른 말을 지껄인다. 아이는 그런데도 재미있다며 듣고 있다. "엄마! 일어나요." 나를 흔들며 깨운다. 다시 정신을 차린다. 10초 뒤. 다시 졸고 있다.

워킹맘이 된 뒤로 아이는 밤에 책을 더 많이 가져온다. 엄마가 고팠는가 싶어서 어떻게든 다 읽어 주고 싶다. 처음에는 인내를 가지고 사랑을 담아서 읽어 주지만 11시를 넘어가면 이제 그만 책을 덮고 싶다. 결국 못 하겠다고 포기한다. 더는 읽어 줄 힘이 없다.

"오늘은 여기까지 하자."

엄마 말이 끝나기 무섭게 아이는 떼를 쓴다. 울면서 책을 더 읽어 달라 말한다. 아이 울음을 뒤로 한 채, 나는 방으로 들어간다. 애는 울면서 따라온다. "엄마가 도저히 못 읽어 주겠어. 내일 또 해줄게." 하고 말한 뒤 나는 눕자마자 기절한다.

아침에 일어나 괜스레 미안하다. 조금만 덜 자고, 애가 읽어달라는 대로 원하는 만큼 읽어 주면 얼마나 좋은가. 출근하면서 맑은 정신으로 굳게 다짐한다. '오늘은 꼭 아이가 읽어 달라는 대로 다 해 줘야지!'

퇴근하는 길. 굳은 결심은 흔적도 없이 사라진다. 집에 가서 밥 차려 먹고 집안일 할 생각에 벌써 지친다. 그냥 바닥에 누워 쉬고 싶다.

학교에서 아이들과 보내는 일로 이미 내 몸은 방전되었다. 집안일도 산더미여서 아이가 원하는 만큼 책 읽어 주기가 버겁다. 한 권을 제대로 읽어 주려면 의외로 힘이 들어간다. 초등특수교사인 나는 종일 말하는 직업이어서 사실 책 2~3권만 읽어줘도 목이 아프다.

부족한 엄마가 된 기분이다. 다른 집 엄마는 힘들어도 꾹 참고 다 읽어 주고 있을 것 같다. 어떤 엄마는 오늘 읽어 준 북트리라고 SNS에 사진을 올린다. '하루 나이 독서'라며 하루에 아이 나이만큼 책을 읽어 주라는 이야기와 함께.

가장 신선했던 단어는 '책의 바다'다. 아이를 책의 바다에 빠뜨리기 위해 졸리고 힘든 것을 참고 밤늦게까지 아이가 원하는 만큼 읽어 주는 것이다. 할 때는 힘들어도 시간이 지나면 어느 순간 아이 눈빛과 말이 달라진단다. 그걸 일주일만이라도 해 주라고 한다. 그 힘으로 아이는 한글을 떼고 읽기 독립을 하고 속독할 수 있다고 유혹한다.

엄마라면 애한테 좋다는 말에 흔들리지 않을 수 없다. 내 아이도 책의 바다에 풍덩 빠뜨리고 싶다. 그 안에서 아이가 유유히 헤엄치면 얼마나 좋을까. 내 아이가 일찍 한글 떼고 스스로 책 읽는 아이가 되면 얼마나 기쁠까.

설마 죽기야 하겠어? 까짓것 해 보자. 두 주먹 불끈 쥐고 열심히 읽어 준다. 12시, 나는 어김없이 신데렐라가 된다. 책육아가 이렇게 힘들어야 할까? 다른 길은 없을까?

책육아에 대한 엄마의 철학

먼저 "나는 부족한 엄마야!"라며 자책하는 일을 멈추었다. 그리고 곰곰이 생각했다. 아이에게 왜 책을 읽어 주려고 하는지, 어떻게 읽어 줘야 좋은지, 나만의 책육아 철학을 세우기로 마음먹었다.

책은 왜 읽어 주는 걸까? 어릴 때부터 책을 읽어 주면 얻는 장점이 많다.

첫째, 아이가 책 읽는 일을 즐긴다.
둘째, 책에서 들은 이야기로 배경지식이 쌓인다. 아이의 배경지식이 늘어날수록 책을 더 잘 이해한다.
셋째, 새로운 어휘를 많이 배운다. 어휘는 장차 아이가 학습할 때 큰 힘을 준다.
넷째, 부모가 책을 읽어 주면서 모범을 보일 수 있다. 책을 자꾸 가까이하는 모습을 보여 주면 아이도 따라 한다.

그럼 나는 책으로 어떤 아이를 키우고 싶은 걸까? 아이는 책의 바다에 빠져야만 하는가? 책의 바다는 엄마가 졸음을 참아가며 밤늦게까지 읽어 줘야만 맛볼 수 있는 열매인가? 날마다 책 한 권을 꾸준하게 읽어 주는 일로 부족한가? 읽기 독립은 초등학교 들어가기 전에 끝내야만 하는 과제인가? 내 안에서 끝도 없는 물음표가 올라왔다.

나에게 질문을 던지면서 꼭 그렇지 않다고 결론 내렸다. 오히려 책육아에 내 욕심이 들어가면 안 되겠다고 생각했다. 나는 책육아의 방향부터 다시 잡았다. 나의 책육아 목표는 책을 좋아하고 스스로 생각하고 창조하는 능력을 지닌 아이로 기르는 것이다.

단순히 책을 많이 읽고 엄청난 지식만 머리에 담아두고 사는 사람이 아니다. 아이를 아는 것만 많은 지식탱크로 기르고 싶지 않다. 모르는 내용은 인터넷에 검색하면 3초 안에 찾을 수 있다. 내가 알게 된 내용을 바탕으로 생각하고 새로운 결과를 만들 수 있는 능력이 필요하다.

다니엘 핑크가 쓴 『새로운 미래가 온다』에서 앞으로 어떤 사람들이 세상을 만들어 가는지 다음과 같이 말한다.

"미래는 매우 다른 생각들을 가진 다른 종류의 사람들의 것이 될 것이다. 창조하고 공감할 수 있는 사람, 패턴을 인식하고 의미를 만들어 내는 사람들, 예술가, 발명가, 디자이너, 스토리텔러와 같은 사람들, 남을 돌보는 사람, 통합하는 사람, 큰 그림을 생각하는 사람들이 사회에서 최고의 부와 보상을 받을 것이고 가장 큰 기쁨을 누릴 것이다."

책을 좋아하는 아이, 책을 읽고 스스로 질문을 던질 줄 아는 아이, 생각할 줄 아는 아이로 키우는 것이 중요하다. 그러려면 아이가 책을 꾸준히 읽어야 한다. 아주 어릴때부터 시작한다. 아이가 글자를 읽을 수 있어도 책을 읽어준다. 아이가 자랄수록 아이가 관심 보이는 분야와 이해 수준에 맞는 여러가지 책으로 넓혀 나간다.

자기 생각을 말할 줄 아는 나이가 되면 부모는 책을 읽어 주고 질문하는 사람으로 자리를 옮긴다. 단순하게 내용을 확인하는 질문이 아니다. 책 한 권을 읽더라도 고민해 볼 수 있는 질문거리를 가볍게 던지는 것이다.

부모 역시 책을 읽고 질문하고 생각하고 비판하는 능력을 아이와 함께 키워야 한다. 나만의 철학을 세운다. 책 한 권을 고르더라도 내가 가진 기준이 있어야 한다. 남들이 좋다고 해서 무작정 따라가다 보면 내가 가려고 했던 길과 다를 수 있다.

책을 좋아하는 아이로 키우고 싶다면 하루에 그림책 한 권이면 충분하다. 어릴 때부터 엄마가 날마다 책을 읽어 주면 아이는 사랑을 느낀다. 아이들은 듣기를 좋아한다. 책을 재미있게 받아들이면 그걸로 충분하다. 아이가 책에 대해 좋은 감정을 가지고 있으면 된다.

아이가 생각을 말할 수 있는 나이가 되면 그림책 한 권을 읽고 이야기를 깊게 나눈다. 아이가 자유롭게 자기 생각을 말하게 한다. 모르는 단어가 나오면 추측해 본다. 엄마와 같이 사전을 찾아서 정확한 뜻을 익힌다. 오늘 읽은 책과 연결해서 다른 책을 찾아본다. 글씨를 쓰고 문장을 읽을 수 있을 만큼 자라면 아이와 좋은 문장을 필사하고 생각을 써 본다.

부모와 함께 10년 동안 날마다 한다면 어떤 변화가 일어날까? 책도 그림책부터 고전까지 읽어 주면 어떻게 될까? 분명히 책을 좋아해서 곁에 두고 사는 아이, 질문을 던지고 자기만의 생각을 표현할 줄 아는 아이로 자랄 것이다.

윌리엄 버틀러 예이츠는 말했다.

"교육은 물통을 채우는 것이 아니라 불을 지피는 것이다."

이렇게 읽어 주면
마음이 자란다

밤새에 우리 아기
얼마만큼 자랐나?
해님이 울 마당
밝게 비춰 보시네.

　윤석중 시인이 쓴 아기 시 그림책 『얼마만큼 자랐나』를 둘째 아이에게 읽어 주었다. "또, 또!" 아이는 발을 구르며 계속 읽어 달라 한다. 나는 아이가 먼저 책을 덮을 때까지 반복해서 읽어 준다.
　둘째 아이는 책 속에 누워 잠든 아이를 손가락으로 가리킨다. "코~" 말하면서 고개를 옆으로 기울인다. 그림에 있는 모습을 따라 하면서 "꺄르르르" 웃는다. 아이를 기분 좋게 보다가 문득 깨닫는다. 어느새 내 입에 예쁘고 고운 시어가 자꾸 맴돌고 있다는 것을.

나는 시를 참 싫어했다. 고등학교 때 시 관련 문학 문제를 풀 때 이해가 되지 않았다. 문제를 붙잡고 끙끙댔다. 도대체 무슨 의미인지 알 수 없었다. 시는 나에게 너무 먼 당신이었다. 왜 아름답다고 말하는 거지? 머리로만 분석하려 했으니 시가 나에게서 멀리 도망가는 건 당연했다.

시를 좋아한다는 이들을 보면 신기했다. 나와 다른 세상에 사는 사람 같았다. 나는 시가 어렵다고 생각하며 가까이 가지 않았다. 굳이 힘겹게 알 필요가 없었다. 시 한 구절 모른다고 인생에 별문제 있겠는가. 엄마가 시를 멀리하니 자연스럽게 첫째 아이에게는 시를 찾아서 읽어 주지 않았다.

둘째 아이를 키우면서 내 감수성이 폭발했다. 갑자기 시가 좋아졌다. 시가 나에게 다가와서 말을 걸었다. 소리 내서 읽으면 더 좋았다. 천천히 읽을 때 내 귀에 들리는 아름다운 말들. 내 마음이 말랑말랑해졌다. 나는 머리에서 가슴으로 시를 담았다.

어느 순간 두 아이에게도 읽어 주고 싶었다. 찾아보니 아기용으로 나온 시 그림책들이 꽤 많았다. 그림이 따뜻했고, 무엇보다 그 안에 담긴 말이 좋았다. 내 마음을 촉촉하게, 차분하게 만들었다. 아무것도 모를 것 같은 둘째인데 엄마가 읽어 주는 시를 듣고 있었다. 오히려 계속 읽어 달라고 졸랐다. 첫째 아이도 덩달아 옆에 와서 가만히 들었다. 두 아이에게 시를 읽어 주는 시간, 나는 정말 행복하다.

아기는 오다가 분꽃 따 물고 니나니 니나니
해가 꼴딱 져 돌아왔다.

"엄마 시방 넉 점 반이래."

윤석중 씨가 쓴 시를 그림책으로 만든 『넉 점 반』. 그림과 같이 읽어 주기 좋은 책이다. 그림만 봐도 웃음이 나온다. 아이는 엄마 심부름도 잊고 종일 쏘다닌다. 해가 꼴딱 지고 어둑어둑해질 때 집에 들어간다. 아이를 바라보는 엄마의 표정. 재미있다. 어린 시절 늦게까지 친구와 놀다가 집에 들어갔던 추억도 스쳐간다.

첫째 아이가 시를 듣다가 "엄마, 시간을 넉 점 반이라고 말해요?" 하고 묻는다. 그림에서 시계를 찾아본다. 시간을 알려주니까 중얼중얼 말하는 첫째 아이. 그림에 나오는 아이와 똑 닮았다.

천 개의 문과 만 개의 창이 비로소 열리고
넓은 천지가 활짝 펼쳐지누나.

최치원이 쓴 시 「새벽」에 나오는 글처럼 예술은 삶을 풍요롭게 한다. 음악, 그림과 더불어 시, 소설과 같은 문학작품은 우리 감성을 자극한다. 메마른 마음 땅을 비옥하게 만든다. 닫혔던 마음의 문과 창이 열린다. 넓고 깊은 새로운 세계가 눈앞에 펼쳐진다.

아이가 어릴 때 맑고 깨끗한 시나 이야기를 들려주는 것, 그림을 보여 주는 것, 음악을 들려주는 행동은 아이의 감성을 풍부하게 해준다. **그림책은 아이에게 줄 수 있는 종합선물세트다. 어린 아기를 데리고 힘들게 미술관을 찾지 않아도 된다. 그림책 거장들이 정성스럽게 그린 아름다운 그림을 보여 줄 수 있기 때문이다. 자리에 앉아서 들**

기 힘들어하는 아이를 데리고 공연장을 찾지 않아도 괜찮다. 그림책에 담긴 보석같이 반짝이는 글을 노래로 불러주면 된다. 음악을 들으면서 그림을 볼 수 있는 『노란 우산』이라는 책도 있다. 그림책으로 어릴 때부터 가정에서 아이의 감수성을 높여 주는 풍부한 환경을 만들어 줄 수 있다.

그림책을 읽어 주는 5가지 방법

아이 감성을 건드리는 그림책, 아이 마음에 씨를 뿌릴 수 있는 그림책을 어떻게 읽어 주면 좋을까?

1. 어린 아기는 무릎에 앉혀서 읽어 준다

아이가 엄마 숨결과 목소리를 가까이 느낄 수 있도록 무릎에 앉힌다. 함께 책을 바라보면서 읽어 준다. 아이는 엄마 품에 안겨 있을 때 가장 안정감을 느낄 수 있다.

2. 천천히 또박또박 읽어 준다

책 읽어 주기는 빨리 해치워야 하는 숙제가 아니다. 마음을 여유있게 먹는다. 5분이라도, 한 권이라도 집중해서 읽어 준다. 아이가 이해할 수 있게 천천히 바르게 읽어 준다. 문장 끝맺음을 정확하게 한다. 쉬는 부분에서 잠시 쉰다. 읽어 주는 일과 쉬는 일을 균형 있게 한다.

3. 말하듯이 읽어 준다

아이에게 말을 건네는 것처럼 읽어 준다. 아이 귀에 옛이야기를 들려주는 것처럼.

4. 아이가 기분 좋을 때, 원할 때 읽어 준다

어린 아기는 책을 먼저 찾지 않는다. 엄마가 아기 상태를 살펴서 읽어 줘야 한다. 우유를 먹고 나서, 낮잠을 자고 일어나서 아이 기분이 좋을 때 읽어 준다. 책을 읽어 줄 때는 아이가 즐겁다고 느끼는 감정이 중요하다. 그러다 어느 순간 아이가 먼저 책을 읽어 달라고 가져온다. 아이는 집중시간이 짧다. 될 수 있으면 읽어 달라고 할 때 바로 읽어 준다.

5. 아이와 논다는 마음으로 읽어 준다

책을 읽어 주는 시간은 아이와 노는 시간이다. 아이가 이끄는 대로, 하자는 대로 따라간다. 엄마가 처음부터 마지막까지 쉬지 않고 쭉 읽어야 하는 것이 아니다. 아이가 책장을 넘기는 대로 맞춰 준다. 한쪽만 읽어 달라고 하면 그 부분만 계속 들려준다.

"내가 보기에 모든 아이는 두 살 때부터 잠시 언어의 천재가 되는 것 같다. 그러고 나서, 다섯 살 내지 여섯 살부터 그 재능의 빛이 바래기 시작한다."

『두 살에서 다섯 살까지』를 쓴 코르네이 추콥스키의 말처럼 아이들은 어릴수록 많이 들은 문장은 통째로 머리에 주워 담는다. 외워서 똑같이 말하거나 새롭게 바꿔서 말한다. 말을 하기 시작하면 생각도 말을 따라간다. 생각이 풍성하려면 아이가 쓸 수 있는 어휘가 많아야 한다.

아이에게 언어가 풍부한 그림책을 골라 소리 내서 읽어 주자. 아이가 다채로운 말을 배울 수 있도록, 재미를 느낄 수 있도록. 엄마가 읽어 준 그림책 한 문장, 그 안에서 아이 마음이 한 뼘 자라는 소리가 들린다.

아이는
답을 알고 있다

　아이가 자랄수록 나는 검색의 여왕이 되어 갔다. 물티슈, 장난감, 간식거리, 신발들. 하나를 사더라도 그냥 사지 않는다. 인터넷 녹색 창에 검색한다. 사람들의 후기를 꼼꼼하게 읽는 것은 기본이다. 조금이라도 "이런 점은 안 좋아요"라는 글이 보이면 그 물건은 바로 넘긴다. 좋다는 말이 많은 것을 위주로 최대한 찾아본다. 그 안에서 골라야 안심이다. 그래도 맘에 안 드는 구석은 있지만.

　아이의 겨울 부츠를 사기 위해 폭풍 검색을 한 적이 있다. 종류가 많아도 너무 많았다. 며칠 동안 눈을 부릅뜨고 인터넷 바다를 뒤졌다. 기능이 뛰어난 신발을 어렵게 찾아냈다. 고르고 나서 아이의 발이 따뜻할 걸 상상하니 뿌듯했다. 아이가 얼른 신고 밖에 나가 봤으면 좋겠다.

　드디어 주문한 신발이 왔다.

"나, 이거 안 신어!"

아이가 보자마자 대뜸 싫다고 말했다. 이럴 수가. 망했다.

나는 여기서 포기하지 않는다. 억지로 아이 발을 넣어서 신겨 본다. 아이는 얼굴을 잔뜩 찡그린다. 5초도 안 되어 부츠를 벗어 던진다. 신발이 바닥에 나뒹군다. 나는 아이를 어르고 달래지만 아이는 끝까지 거부했다. 결국 겨울 부츠를 반품했다. 내가 저걸 어떻게 고민하며 골랐는데.

애쓰며 검색한 시간이 날아가 버렸다. 그냥 폭 잘걸. 신발가게 데려가서 애 보고 고르라고 할걸. 나는 비로소 깨달았다. 아이가 좋아하지 않는 물건을 억지로 쓰게 하는 것이 얼마나 힘든지. 애가 싫다 하면 하고 싶어도 할 수 없다는 것을. 답은 아이가 가지고 있다는 중요한 진실을 깨달았다.

그림책도 마찬가지다. 나는 아이에게 읽어 줄 좋은 책을 열심히 찾는다. 그림책의 드넓은 세계를 알기 전까지, '책은 다 좋은 거야.' 하고 생각했다. 하지만 더 공들여서 만든 그림책이 있다. 그림책 작가 중에 높이 평가받는 이들도 있다. 나는 최대한 괜찮다는 책을 찾는다.

"나, 이거 싫어. 엄마 읽지 마." 아이가 거부한다. 유명한 에릭 칼이 그린 그림책이다. 아무리 대단한 사람이 그린 책이어도 아이가 싫다면 읽어 줄 수가 없다. 그동안 그 책을 찾는 데 들인 시간이 아깝지만 어쩔 수 없다. 방바닥에 밟히도록 늘어놓는 수밖에. 어느 날 책이 아이에게 말을 걸겠지. 아이에게 외면받는 책들이 점점 쌓여간다. 그럴 때마다 깨닫는다. 아이 마음에 안 드는 책을 억지로 읽어 줄 수 없다.

답은 100% 아이에게 있다.

　1. 책을 읽지 않을 권리
　2. 건너뛰며 읽을 권리
　3. 끝까지 읽지 않을 권리
　4. 아무 책이나 읽을 권리
　5. 군데군데 골라 읽을 권리
　6. 읽고 나서 아무 말도 하지 않을 권리

베스트셀러 작가 다니엘 페나크가 어린이, 청소년 독서교육에 관해 쓴 책『소설처럼』에 나오는 내용이다. 아이가 책을 좋아하게 하려면 어떻게 해야 할까? 일단 아이가 책에 재미를 느껴야 한다. 그림이 자기 눈과 마음에 들어야 고른다. 아이마다 자기 취향이 있다.

　나는 책육아를 할 때 아이의 권리를 존중하겠다고 마음먹었다. 아이가 좋아할 만한 책들을 찾는다. 여러 권을 골라서 아이 주변에 놔둔다. 그 안에서 아이가 책을 고른다. 아이에게는 자기가 원하는 책을 고를 자유, 읽고 싶을 때 읽는 자유의 경험이 쌓여야 한다. 그래야 아이가 혼자 책을 읽는 날이 온다.

책을 고를 때 최종 선택은 아이에게 맡긴다

"엄마, 나 이 책 살게요."
　나는 아이와 중고서점에 자주 간다. 아이가 관심 있어 하는 주제의 책을 먼저 살핀다. 아이가 좋아할 것 같은 책으로 몇 권을 골라 아이 눈앞에 늘어놓는다. 아이는 엄마가 갖다 준 책을 살펴본다. 최종 선택은 아이에게 맡긴다. 그래야 집에 가서 그 책을 본다.

어떤 날은 아이가 자신이 읽고 싶은 책을 찾아내서 사 달라는 책으로 정한다. 또는 도서관에서 보고 난 뒤에 재미있다며 사고 싶어 하는 책으로 구입한다. 아이가 어릴 때는 내가 고른 책들로 책장이 가득 찼지만, 시간이 지날수록 아이가 원하는 책들로 채워지고 있다. 책장에 우리 집 독서 역사가 보인다.

2주마다 도서관에서 책을 빌린다. 이때도 아이가 흥미 있어하는 주제의 책을 엄마가 골라 늘어놓으면 그 안에서 아이가 선택한다. 어느 날부터 "엄마, 오늘은 이거 빌릴래요." 하고 알아서 읽고 싶은 책을 책장에서 찾아온다. 정말 많이 컸다. 내가 읽어 주고 싶은 책 한두 권 고르고 나머지는 아이 스스로 결정하게 한다.

최근에는 둘째 아이에게 읽어 줄 책 위주로 찾는다. 책을 정할 때 내 나름의 기준도 생겼다. 아이에게 먼저 책 첫 장을 짧게 읽어 준다. 보자마자 닫아 버리는 책, 몇 초 길게 눈과 귀가 머무르는 책이 따로 있다. 그러면 아이가 좀 더 보려 했던 책으로 선택한다. 보자마자 외면하는 책은 안 빌린다. 두 돌 되기 전인 아이도 나름대로 취향이 있다.

아이가 재미있어 하는 책을 골라내는 경험이 생길수록 내 촉이 발달했다. 아이가 볼 책, 안 볼 책을 판단하는 시간이 짧아졌다. 첫째 아이 때 수도 없이 실패했던 경험들이 책을 고르는 내 안목을 키웠다. 고마운 일이다.

책이란?

시끄러운 곳에 있어도 우리를 조용한 곳으로 데려다주고

좋은 친구가 되어 주고

신나는 모험을 하게 해 주고

어려운 일도 척척 해내는 방법을 알려 주고

어디든지 함께 갈 수 있고

세상의 많은 비밀을 알려 주고

이따금 무섭게 하고

우리를 쑥쑥 자라게 해 주고

행복한 시간을 함께 나눌 수 있게 해 주고

포근하게 잠들게도 해 주고

신기하고 아름다운 곳으로 여행하게 해 주는

누군가가 조곤조곤 들려주는 이야기랍니다.

_클로에 르제, 『책이란?』

책은 무엇일까? 책은 이야기다. 아이는 여러 이야기에서 선택할 수 있다. 자기가 듣고 싶은 이야기와 듣고 싶지 않은 이야기를. 아이가 만나는 수많은 이야기들. 책마다 아이가 느끼는 점이 다르다.

아이에게 책으로 이야기를 들려준다. 책 선택 주도권은 아이에게 있다. 아이가 책을 스스로 고르는 즐거움을 누리게 해야 책과 친해진다. 아이가 싫어하는 일은 오래 할 수 없다.

내가 생각하는 책 읽어 주기의 본질은 다음과 같다.

①아이가 좋아하는(고른) 책을 ②날마다(아이가 원할 때마다) ③소리 내서 읽어 준다.

세 가지 요소가 충족될 때 아이는 즐겁게 책을 읽을 수 있다. 이런 시간이 쌓일수록 책을 좋아하는 아이로 자랄 수 있다.

"말은 물가에 데려갈 수 있지만 물을 억지로 먹일 수는 없다."는 말이 있다. 여기에서 말이 물을 먹게 하려면? 우선 말을 물가로 어떻게든 데려가야 한다. 말이 물을 마시든지 안 마시든지는 그다음이다. 물맛을 아는 목마른 말은 물가에 갔을 때 물을 마신다.

책을 읽어 주는 것도 마찬가지다. 자꾸 책이 있는 물가로 아이를 데려가야 한다. 거기서 책이 흥미롭다는 경험을 수없이 해야 한다. 그래야 아이가 원하는 물가에서 실컷 물을 마실 수 있다. 마실 물인지 안 마실 물인지 선택은 아이가 한다. 무조건 아이가 답이다.

아이들은 반복해서
읽기를 좋아한다

"푸른 하늘 은하수

하얀 쪽배에"

나는 윤극영이 쓴 시 『반달』 그림책에 나온 첫 문장을 몇 번째 불러 주고 있는 걸까? 다음 장을 넘기기 무섭게 둘째 아이는 다시 첫 장으로 넘긴다. 보자마자 "또, 또" 말한다. 나는 한 문장을 되풀이해서 부른다. 아이는 들으면서 온몸으로 춤춘다. 나는 다음 장을 넘긴다. 아이는 다시 첫 장으로 돌아간다. 끝날 것 같지 않은 도돌이표다. 나는 아이에게 크게 말해 주고 싶다.

"딸아, 엄마는 첫 문장만 지금 30번도 넘게 부르고 있다고!!"

아이들은 반복을 좋아한다. 첫째 아이도 그렇게 같은 책을 읽어달라고 하더니, 이제 둘째 아이가 바통을 이어받았다. 우리 집에는 5년 넘게 첫째 아이가 찾는 책이 있다. 『바무와 게로』 시리즈와 『구리와 구라의 빵 만들기』다.

『바무와 게로』 시리즈는 『바무와 게로의 하늘 여행』, 『바무와 게로 오늘은 시장 보러 가는 날』, 『바무와 게로의 일요일』 3권으로 된 그림책이다. 아이가 참으로 사랑하는 책이다. 나는 이제 책을 보지 않아도 거기 나오는 글을 줄줄 외고 있다. 5년을 읽어 주었더니 누가 툭 치면 탁 나오는 수준이다.

『구리와 구라의 빵 만들기』도 마찬가지다. 아이에게 수천 번 읽어 준 책이다. 여기저기 덕지덕지 붙어 있는 테이프. 하도 넘겨서 책 표지가 너덜너덜하다. 읽어 주고 나면 꼭 빵이 먹고 싶다. 코끝에 갓 만든 빵 냄새가 폴폴 풍기는 기분이다. 기어이 아이와 팬케이크를 만들어 먹는다.

첫째 아이가 오랜만에 『보보, 안녕!』을 들고 왔다. 첫째 아이 16개월부터 함께하고 있는 책이다. 유치원 아이들을 위한 생활 그림동화다. 지은이가 자신의 딸을 위해 그렸다고 한다. 꼬마다람쥐 보보가 겪는 여러 가지 일들을 유쾌하게 표현했다. 어린아이에게 읽어 주는 책치고는 두껍다.

첫째 아이가 20개월이 되었을 때 『보보, 안녕!』을 읽어 달라며 들고 오기 시작했다. 한동안 밤마다 가져왔다. 시작하면 124쪽을 처음부터 끝까지 읽어야 했다. 아이가 어릴 때는 한 권 다 읽는데 30분은 걸렸다. 중간에 그만 읽자고 하면 아이가 울먹거렸다. 울려는 아이를 달래며 읽어 주었다.

일곱 살이 되어 글자를 읽는 지금 아이는 조용히 책을 읽는다. 어쩌다 읽어 달라며 들고 오기도 한다. 몇 년을 꾸준히 보는 책이 있다니 신기하다. 아기 때부터 좋은 책을 골라서 사준 게 아깝지 않다.

한 번만 더 읽으면 백 번이야!

아이들은 왜 이렇게 반복해서 읽어달라고 할까? 재미있어서다. 한 번 읽는다고 내용과 그림을 다 기억할 수는 없다. 수없이 들은 이야기는 아이 마음에 남는다. 책에 있는 문장을 통째로 말하기도 한다. 여러 번 들으면 아이 안에 새로운 어휘가 계속 쌓인다.

그림책은 어떤가. 볼 때마다 아이 눈에 새롭게 보이는 그림들. 지난번엔 안 보였던 것이 이번에는 보인다. 그러니 자꾸자꾸 책을 열고 싶을 수밖에.

"첫 키스만큼 좋은 것도 없죠."

『첫 키스만 50번째』란 영화가 있다. 헨리는 루시라는 여자를 보고 첫눈에 반한다. 루시와 만난 첫날, 둘은 행복한 하루를 보낸다. 다음 날, 루시는 그 남자가 누구인지 모른다. 분명 어제 사랑을 속삭였는데. 이럴 수가!

알고 보니 루시는 단기기억상실증을 앓고 있다. 헨리는 루시를 위해 특별한 노력을 기울인다. 루시를 날마다 새롭게 만나기로 한 것이다. 오늘 처음 만나는 것처럼 대한다. 루시는 하루가 지나면 잊는다. 둘은 다시 사랑을 시작한다. "내일도 날 포기하지 않았으면 좋겠어요. 내일도 저한테 말을 걸어줘요."

아이들에게 책이 그렇다. 날마다 처음 만나는 사랑스러운 벗이다. 좋아하는 책은 읽고 또 읽어도 지루하지 않다. 오히려 새롭다. 이런 문장이 있었던가? 지나쳤던 글 가운데 어느 날 문득 나에게 말을 건네는 문장들이 있다.

세상에나, 이런 그림이 있었다니! 수천 번 읽어 줘서 알고 있다고 생각했는데 그걸 몰랐다. 내가 5년 넘게 읽어줬던 『바무와 게로 오늘은 시장 보러 가는 날』. 최근에 그 책에서 그동안 못 봤던 그림을 발견했다. 둘째 아이가 손가락으로 가리켜서 알았다. 이미 다 알고 있다고 생각한 그림이었다. 내가 모든 그림을 세세하게 기억하는 건 아니었다.

『크라센의 읽기 혁명』에는 아이에게 첫 키스 같은 책 한 권을 만나게 해주자는 내용이 나온다. 한 번의 아주 좋은 읽기 경험이 열성 독자를 만들 수 있다는 뜻이다.

"누구에게나 첫 번째 책, 첫 키스, 첫 홈런이 항상 최상의 것이 된다."고 스티븐 크라센은 말했다. 어떤 책이 아이에게 홈런 북일지 모른다. 그러니 언제라도 아이가 멋진 책을 만날 수 있도록 다양한 책을 읽어 주자. 아이의 기억에 남는 책 한 권이 아이를 독서의 바다에 빠지게 만들 수 있는 것이다. 앞으로 해야 할 긴 독서 여행을 설레이게 할 수 있다.

『빨간머리 앤』과 『어린 왕자』두 권은 나에게 첫 키스와 같다. 나는 초등학교 때 텔레비전에서 '빨간머리 앤' 만화를 보고 푹 빠졌다.

"주근깨 빼빼 마른 빨간머리 앤. 예쁘지는 않지만 사랑스러워." 주제가를 늘 흥얼거렸다. 만화의 원작이 있다는 사실을 알고는 모조리 찾아서 읽었다. 앤이 대학 생활을 하고 길버트와 결혼하는 것까지. 원작은 꽤나 두꺼웠다. 좋아하니까 읽는 게 힘들지 않았다.

몇 번이나 읽은 『어린 왕자』. 학창 시절, 결혼 전, 아이를 키우며 읽은 이 책은 볼 때마다 다르게 다가왔다. 한 문장, 한 문장이 주옥같이 느껴졌다. 세상에, 이런 글이 있었던가! 그동안 왜 안 보였지? 여러 번 읽었다고 해서 책을 통째로 기억하는 건 아니다.

"사람들은 이 진리를 잊고 있어. 하지만 너는 잊어서는 안 돼. 넌 영원히 네가 길들인 것에 책임을 져야 해. 넌 네 장미꽃에 책임이 있어."

이 문장에서 '책임'이라는 단어가 특별하게 다가왔다. 아이를 키우기 때문이리라. 같은 문장에서도 내가 무엇을 경험했느냐에 따라 깨닫는 정도가 달랐다. 아이를 사랑으로 키우는 일, 내가 감당해야 할 무거운 책임. 그냥 지나쳤던 문장이 질문으로 바뀌었다. 묵직한 물음표가 내 안에서 튀어나왔다.

"아이는 너에게 어떤 존재니? 아이를 위한 어떤 책임을 질래?"

나는 오늘도 새로운 마음으로 읽어 준다. '그래, 이건 처음 보는 책이야.'라고 생각하며 바라본다. 비록 '한 번만 더 읽으면 백 번이라고!!' 하는 마음의 소리가 한쪽에서 크게 올라올지언정.

이제 나는 안다. 같은 책을 수없이 읽어주는 일에 끝도 있다는 것을. "엄마, 이제 그만 읽어 주세요." 하는 날, 드디어 책 읽어 주기를 졸업한다. 그 뒤에는 아무리 읽어 주고 싶어도 해줄 수 없다.

그날이 오면 내 옆에 앉아 웃으며 이야기를 듣던 귀여운 아이는 엄마 품을 떠나 있을 것이다. 어쩌면 서로 같은 책을 읽고 열띤 토론을 하고 있을지도 모르겠다. 그때까지 백 번이든, 천 번이든 읽어 주고 싶다. 아이에게 책을 무한 반복해서 읽어 주는 시간도 오직 지금뿐이다. 같은 책을 수백 번 읽어 주던 소중한 시간은 다시 오지 않을 테니까.

아이들이 좋아하는
공룡, 탈것, 똥

"와, 소방차다. 구급차도 있네. 소방차야, 안녕?"

18개월 된 첫째 아이는 소방차를 보면 눈이 반짝거린다. 우리는 오늘도 소방서에 간다. 유모차에서 아이가 내리자마자 소방차 주변을 한 바퀴 돈다. 움직이면서 가만히 차를 본다. 다음에는 구급차 곁에 간다. 손을 대본다. 아이가 신나 한다.

소방서에서 일하시는 분이 나왔다. "오늘도 오셨네요?" 나에게 반갑게 인사를 건넨다. 일주일에 3~4번, 우리는 한 달째 소방서를 오고 있다. "아이가 소방차를 너무 좋아해서요." 말하고 나니 괜히 쑥스럽다. 소방서에 너무 자주 오는 이상한 엄마로 보일까 봐서다.

"오늘은 삼촌이 소방차를 보여줄게."

소방사가 아이를 소방차에 태워준다. 아이는 차에 타더니 어리둥절한 표정이다. 곧 얼굴에 웃음꽃이 핀다. 차 안에 있는 것들을 조심스럽게 만져본다.

집에 돌아와서 아이에게 『소방차가 되었어』를 읽어 준다. 우리 아이처럼 소방차를 좋아하는 주인공 매트. 아침에 일어나서 잠들기 전까지 하는 말이 '소방차'인 아이다. 내 아이가 그림책 안에 있는 기분이다. 아이는 오늘 소방차에 탄 날이라 더 신나 한다.

차에 관한 이야기라면 OK

첫째 아이는 아기 때부터 자동차를 좋아했다. 아빠 차도 일찍부터 알아봤다. 15개월쯤 되었을 때는 산책하다가 아빠의 쏘울 자동차가 보이면 반가워했다. "또우!!"라며 어설픈 발음으로 크게 소리쳤다. 주차장에 나가서 차를 보는 것도 즐거워했다.

아이가 차를 좋아하니 그림책도 차가 많이 나오는 것으로 시작했다. 아이에게 어떤 책을 읽어 줘야 할지 고민스러울 때 아이가 좋아하는 주제로 시작하면 된다. 처음에는 잘 몰라서 지인이 권해준 책 안에서 골랐다. 시간이 지나면서 내 아이가 좋아하는 것들이 눈에 보였다. 아이에게 탈것이 들어 있는 책을 찾아주면 되겠다고 생각했다. 성공이었다. 아이는 교통수단이 들어 있는 책들을 거의 다 좋아했다.

"손수레 타고 덜커덩
　달가닥 쿵! 덜거덕 쿵!"

나는 아이를 무릎에 앉혀서 『달가닥 쿵! 덜거덕 쿵!』을 읽어 준다.

콩! 쿵! 소리가 나올 때는 내 무릎을 힘껏 튕긴다. 아이의 엉덩이가 올라갔다 내려온다. 아이는 좋다며 연신 깔깔대고 웃는다. "또, 또!" 아이가 조른다. 아이에게 책을 읽어 주며 몸 놀이도 자연스럽게 한다. 책과 하나로 연결된 우리는 함께 보내는 이 시간이 신난다.

리처드 스캐리가 쓴 『부릉부릉 자동차가 좋아』에는 정말 많은 자동차가 나온다. 세상에 이보다 더 다양한 차 전용 책이 있을까? 아이는 날이면 날마다 열어본다. 내 눈에도 기발한 차들이 많다. 어느 날 아이가 악어차를 타고 싶다고 말한다. 당근을 보고도 책에서 본 당근차를 먼저 떠올린다.

버지니아 리 버튼이 쓴 『작은 집 이야기』는 탈것의 역사가 보이는 책이다. 어찌나 세심하게 표현했는지, 아이를 사랑하는 엄마의 따뜻한 정성이 느껴진다. 그림을 자세히 살펴보면 시간의 흐름에 따라 바뀌는 교통수단을 자연스럽게 알 수 있다. 모든 세계의 아이들이 탈것에 대한 흥미는 같은가 보다.

아이 마음을 잘 담아낸 공룡 그림책

아이들이 정말 좋아하는 그림책 주제가 있다면 똥, 공룡, 탈것이다. 똥은 누구나 좋아한다. 똥이나 방귀 소리에 아이들은 자지러진다. 꼭 남자아이들만 공룡과 탈것에 빠지는 건 아니다. 여자아이들도 공룡과 교통수단을 좋아하는 친구들이 많다. 남자아이라고 무조건 관심을 보인다는 건 편견이다.

내 지인 딸은 네 살 때 공룡을 무척 좋아했다. 어려운 공룡 이름을 줄줄 외웠다. 공룡이 나오는 책이라고 해도 어떤 책을 보느냐에 따라 아이들의 반응은 다르다. "무조건 남자는 자동차, 공룡이지." 하고 나눌 필요는 없다.

『고 녀석 맛있겠다』는 첫째 아이를 공룡과 친해지게 만든 책이다. 티라노사우루스가 이렇게 귀엽고 사랑스러울 수 있다니! 티라노사우루스, 안킬로사우루스. 공룡 이름을 처음 읽어줄 때는 발음하기도 어려웠지만, 어느 순간 티라노사우루스의 매력에 푹 빠졌다.

아니나 다를까. 아이도 자꾸 읽어 달라 했다. 도서관 책이 너덜너덜한 까닭이 다 있었다. 공룡에 관한 책은 그전까지 단행본으로만 샀었는데 이 책을 읽고 처음으로 10권으로 된 전집을 구매했다. 순서대로 연결된 이야기가 아니라 모두 다른 공룡 이야기다. 아이는 10권을 다 좋아해 읽어 달라고 할 땐 꼭 전권을 쌓아놓고 읽곤 했다.

『공룡유치원』도 아이가 공룡을 좋아하던 시기에 자주 찾던 책이다. 유치원 생활을 하는 아이들이 겪을 수 있는 일들을 잘 포착하여 그렸다. 12권 세트로 되어 있는데 아이는 1번부터 순서대로 보는 것을 좋아했다. 책탑을 쌓아놓고는 읽어 달라며 엄마를 기다렸다. 결국 12권을 하루에 못 읽어 주고 다음 날로 넘기는 날이 많았지만, 전권을 모두 잘 봤다.

『개구쟁이 특공대』 중에 있는 공룡 이야기도 여러 번 읽어달라고 한 책이다. 글자 없는 책인 『공룡 목욕탕』도 아이 마음을 잘 읽어 주는 책이다. 피터 시스는 아이들이 무엇을 좋아하는지 정말 잘 아는 작가다. 아이들은 그가 그린 그림책에 푹 빠질 수밖에 없다.

아이가 좋아하는 똥 이야기로 책과 친구가 된다

『누가 내 머리에 똥 쌌어?』는 똥을 좋아하는 아이들 대부분이 즐겁게 보는 책이다. 자기 머리에 누가 똥을 쌌는지 찾아다니는 두더지가 친구들에게 "네가 내 머리에 똥 쌌지?"라고 묻는 말에 아이가 웃는다. "똥"이 나왔다면서. "내 똥은 이렇게 생겼는걸." 말하면서 동물이 보여 주는 똥의 형태는 각양각색이다.

고미 타로가 쓴 『누구나 눈다』에도 동물들의 여러 똥이 나온다. 생명이 있는 존재라면 누구나 똥을 눈다는 것을 자연스럽게 알려 주는 책이다.

똥 이야기가 이렇게 감동일 수 있다니! 『강아지똥』을 읽다 보면 가슴이 뭉클해진다. 내 안에 있는 감수성을 톡 건드린 책이다. 강아지가 눈 똥이 땅속에 들어가 거름이 된다. 그리고 민들레가 피어난다. 모든 생명은 서로 긴밀하게 연결되어 있음을 알려 준다.

똥이 나온 책을 배변훈련이나 교육효과를 보기 위해 읽어주지 않아도 된다. 아이에게 어떤 것을 가르치려고 읽어 주는 그림책은 재미가 떨어진다. 그림책의 본질은 첫째도 둘째도 재미다. 그래야 자꾸자꾸 책을 만나고 싶으니까. 아이가 그림책으로 교훈, 설교를 듣는다고 생각한다면? 어떤 아이가 책을 계속 찾고 싶겠는가!

아이가 어릴수록 똥이 더럽지 않다. 내 몸에서 나온 신기한 생명이다. 모든 아이는 자기 똥을 만져보고 싶어 한다. 엄마는 혹여 아이가 만질까 봐 눈앞에서 없애기 바쁘다.

아이 처지에서 보면 아쉬울 수 있다. 나는 잠깐이라도 아이가 똥을 만나는 시간을 가지면 좋겠다는 마음이 들었다. 우리는 오늘도 변기에서 똥과 짧은 인사를 나눈다.

"똥 잘 가, 안녕!"

아이가 좋아하는 주제가 담긴 책을 골라서 자주 보여 주면 아이는 자연스럽게 책과 친해진다. 아이가 관심 갖고 있는 물건과 그림이 많은 책. 엄마가 읽어 주는 이야기. 아이에게 그림책은 질리지 않는 놀잇감이다. 모든 아이가 좋아할 수 있는 주제가 담긴 똥, 공룡, 탈것에 관한 책을 아이에게 읽어 주자.

'탈것, 공룡 책을 읽어 주면서 어떤 지식을 가르치겠다', '책으로 이런 교훈을 알려 주겠다'는 마음이 생길 수 있다. 이제 엄마의 욕심은 내려놓자. 아이가 흥미로워하는 주제로 이야기를 나눈다는 마음으로 책을 읽어 주면 어떨까? 아이는 책 읽는 기쁨을 깨달을 것이다.

프랑스의 사상가이자 『수상록』을 쓴 미셸 몽테뉴는 이렇게 말했다.

"가장 싼 값으로 가장 오랫동안 즐거움을 누릴 수 있는 것이 바로 책이다."

독서 편식은 괜찮을까?

"엄마, 나는 우주비행사가 될 거예요."

첫째 아이가 우주에 빠졌다. 별, 행성, 지구가 나오는 책들을 찾아 읽는다. 백과사전도 본다. 어떻게 하면 우주에 갈 수 있는지 알아본다. 우주비행사가 우주에 간다는 글을 읽는다.

여섯 살 아이에게 설레는 꿈이 생기는 순간이다. 우주비행사가 되어 우주로 나가는 것. 얼마 전까지는 전 세계에 있는 공룡박물관에 가보기, 공룡 뼈 찾는 사람 되는 게 꿈이었는데 금세 바뀌었다.

"엄마, 나는 키 쑥쑥 크고요. 건강한 사람이 되어서 우주선에 탈 거예요. 앞으로 콜라랑 피자는 안 먹을 거예요."

콜라를 안 먹겠다며 조잘조잘 떠드는 아이를 보니 웃음이 절로 나온다. 이렇게 말해놓고 콜라를 보면 홀라당 잊고 한 컵을 재빠르게 마시고 더 먹겠다고 컵을 내밀 게 뻔하다. 뭐 어떤가. 그게 아이인걸.

나는 아이다운 모습이 좋다.

나는 아이가 책을 좋아하며 자라기를 바랐다. 어떻게 하면 아이가 책과 친해질 수 있을지 오래 고민했다. 그때 찾은 답이 아이가 좋아하는 주제의 책을 찾아 읽어주는 것이었다. 아이가 13개월이 되었을 때부터 책육아를 시작했다. 이제 돌이 지난 아이가 좋아하는 주제는 무엇일까?

한동안 아이를 관찰했다. 아이가 관심을 보이는 것은 탈것과 동물이었다. 자동차, 자전거, 비행기, 버스 등, 많은 교통수단이 나오는 책들을 찾아서 보여 주었다. 『누구 자전거일까?』, 『꼬마버스 타요의 신나는 하루』를 아이는 마르고 닳도록 읽어 달라고 했다.

지인에게 선물 받은 『토마스와 친구들』 클래식 시리즈는 글이 많은 책이었지만 아이는 상관하지 않았다. 자주 읽어 달라고 가져왔다. 아이에게 글 양은 문제가 아니었다. 자기가 좋아하는 물건이 나오는 책이면 만족했다.

DK에서 나온 『My first Book』 시리즈 중 『Tractor』도 수시로 봤다. 아이는 영어책이든 한글책이든 가리지 않았다. 좋아하는 차와 동물이 나오는 책이면 환영했다. 이 시기에는 영어책도 차와 동물이 나오는 책으로 찾아서 읽어 주었다.

한동안 아이는 새에 빠졌다. 지나가는 비둘기를 보면 그냥 지나치지 않았다. 동물원에 가면 앵무새만 1시간을 보고 왔다. 아이가 여러 가지 동물에서 새를 특별히 좋아한다고 여겼다.

나는 새에 관심을 보이는 아이를 위해 『Common Birds and Their

songs』라는 새만 잔뜩 나온 영어책을 샀다. 50마리 새소리가 녹음된 CD가 딸려 있었다. CD에는 영어로 어떤 새인지, 실제 새들이 지저귀며 노래하는 소리만 나왔다. 그런데도 아이는 즐겨 들었다.

남자아이들이면 어느 순간 빠진다는 공룡. 첫째 아이도 예외가 아니었다. 『고 녀석 맛있겠다』로 세 살 때부터 공룡과 친해졌다. 나는 '공룡'이 나오는 책을 검색했다. 공룡은 단행본보다는 전집이 많다. 단행본으로 책을 사주겠다는 원칙을 바꿨다. 다양한 공룡을 보여 주는 건 전집만큼 좋은 게 없다고 판단했다.

중고시장에 나온 값싼 공룡 전집을 몇 세트 샀다. 〈쿵쿵 붕붕 슝슝 재미북스〉시리즈는 단순히 공룡 이름만 알려 주는 게 아니라 이야기가 있다. 아이는 이 시리즈를 정말 좋아했다. 모든 책이 너덜너덜해지도록 봤다.

공룡이 한 권에 가득 담긴 『공룡대백과』를 사주기도 했다. 간간이 공룡이 들어 있는 단행본도 도서관에 찾아서 읽어 주었다.

아이는 3살부터 5살까지 3년 정도 공룡과 함께 살았다. 그러다 여섯 살이 되더니 우주로 관심 주제가 바뀌었다. 지금은 우주, 지구, 행성, 별이 나오는 책을 즐겨 본다. 도서관에 가면 주로 우주를 다룬 책을 찾는다.

아이는 이제 여러 가지 지식이 있는 어린이용 백과사전도 곧잘 읽는다. 새롭게 알게 된 내용을 엄마에게 말해 주느라 바쁘다. 아이 스스로 읽고 말하면서 다양한 지식을 자기 것으로 만들고 있다. "중력, 자전, 행성 이름"을 수시로 언급한다. 지금까지 아이가 편독하면서 한 가지 주제에 파고든 일은 한마디로 자기가 좋아하는 것에 몰입하는 행동이다. 한 가지 분야에 빠지는 독서 편식은 아이에게 '몰입'이라는 선물을 가져다준다.

좋아하는 책을 읽으면 행복해진다

세계적으로 몰입 신드롬을 불러일으킨 미하이 칙센트미하이 교수가 말한 '창조성과 몰입' 개념은 많은 분야에서 인용되고 있다. 그는 시카고대학교에서 교수로 40년을 재직하면서 인간의 행복에 관해 연구했다. '어떻게 하면 사람들의 삶이 좀 더 창의적이고 행복할 수 있을까?'를 고민하며 이렇게 말했다.

"행복은 사람들이 느끼기 어려운 감정입니다. 사람들은 몰입으로 행복을 느끼지요. 어떤 과업에 몰입한 상태에서는 정작 행복이나 불행을 느끼지 못하지만 과업이 끝나고 이를 피드백 받으면 자신의 잠재력이 확장되는 느낌을 받죠. 나아가 몰입으로 창의력과 문화발전으로까지 연결됩니다."

칙세트미하이 교수는 '몰입'을 '플로우'라는 개념으로 설명한다. 플로우는 어떤 행위에 깊이 몰입하여 시간의 흐름이나 공간의 이동, 더 나아가 자기 자신조차 잊게 되는 심리적 상태다. 이때 새로운 것을 만들어내는 깨달음을 얻는다. 지금과 다른 인식 상태를 느낀다. 플로우의 핵심은 자아 성장이다.

사람은 여러 분야에서 몰입을 느낄 수 있다. 그중에 독서는 빠지지 않는다. 아이가 한 가지 주제에 빠지는 것. 그와 관련된 책만 주야장천 보는 것. 이때 아이는 행복해한다. 한 가지 주제로 시작해서 스스로 확장 독서, 연결 독서를 해나간다. 아이가 독서 편식에 빠지는 모습은 부모에게 걱정거리가 아니다. 오히려 아이가 몰입을 알아가는 과정에 있다고 손뼉 치고 반겨야 할 일이다.

"어린이 독서는 책 읽는 즐거움을 느끼는 것만으로 충분하다. 독서를 생활 습관으로 만들고 자신이 읽은 것을 활용해 무엇이든 자기 머리로 생각하는 버릇을 들이면 된다. 다양한 지식을 습득하는 것이 독서 교육의 목표는 아니다. 재미를 붙이기만 하면 아이들은 스스로 자기 나름의 독서 이력을 만들어간다."

유시민은 『유시민의 글쓰기 특강』에서 아이가 좋아하는 주제의 책을 찾아서 읽어 주어야 하는 까닭을 잘 설명하고 있다. 재미로 책을 읽으면서 자기만의 이력을 만들어 나간다. 새로운 세계로 나가기 위해 용기 있는 발걸음을 내디딘다.

엄마는 아이의 독서 편식을 기쁘게 받아들이면 된다. 지금 아이가 좋아하는 주제를 발견하고 연결된 책을 찾는 수고로움을 즐겁게 여기자. 한 분야에 빠져서 읽은 책이 쌓일수록 아이는 몰입하는 즐거움을 알게 될 것이다.

책을 사는
우리 집의 규칙

"『바바파파』전집 팝니다."

오매불망 기다리던 알람이 울렸다. 드디어 글이 떴다. 빠르게 화면을 클릭하면서 가격과 책의 상태를 확인했다. 여자아이 혼자 봐서 책 상태가 좋고 가격도 적당하다. 이런 건 빨리 사야 해. 빛의 속도로 댓글을 단다.

벌써 『바바파파』전집을 사는 데 세 번이나 실패했다. 좋은 가격에 나온 『바바파파』전집 인기가 이렇게 높은 줄 몰랐다. 드디어 성공했다. 내 댓글 이후로 글이 줄줄이 달렸다. 100미터 달리기에서 1등 한 기분이다.

아이는 도서관에서 『EQ의 천재들』시리즈 10권을 빌렸다. 1번부터 순서대로 빌리고 있다. 마음이 급한지 집에 오는 내내 걸으면서 책을 읽는다. 처음에 이 책을 봤을 때 이게 뭔가 싶었다. '간지럼씨, 먹보씨, 먹보양'. 생긴 것도 이름도 웃기다. 사람들 성격을 표현하는 말이 바로 주인공의 이름이다.

도서관에 있는 『EQ의 천재들』 책 상태가 썩 좋지 않았다. 이미 다른 아이들이 많이 본 책이란 뜻이다. 아이가 책을 읽으면서 뒤에 나온 부분에 색칠하고 싶다고 했다. 도서관에서 빌린 책이라 끄적거릴 수가 없다. 다른 아이는 색칠했는데, 나는 왜 못 하냐며 아쉬워했다.

이런 책이라면 앞뒤 안 가리고 무조건 산다. 총 82권이라서 책장 한 곳을 비워야 할지라도(현재는 총 101종이다) 상관없다. 책은 중고로 많이 나와 있었다. 여러 글 가운데 영어 DVD까지 준다는 것으로 선택했다.

나는 한동안 『EQ의 천재들』을 수백 번 읽어 주었다. 이 책은 아이가 가지고 놀기에도 좋은 크기다. 첫째 아이는 책으로 집을 짓고 길을 만들면서 신나게 논다. 최근에는 외출할 때 둘째 아이가 『EQ의 천재들』 중 한 권을 골라서 들고 나간다. 이 책을 만든 작가는 아이들 마음을 너무나 잘 아는 사람인가 보다. 21개월 아기도 이리 좋아하는 걸 보면.

"엄마, 『찰리와 거대한 유리 엘리베이터』 사 주세요."
"그래, 오늘은 늦었으니까 내일 살게."
"아니요. 지금 바로 사 주세요. 내일 까먹을 수도 있잖아요."
엄마를 제대로 아는 첫째 아이다. 나는 자주 까먹는다.
이따가 사야지 해놓고 다른 일 하다 보면 꼭 놓친다. 나를 보고 아이가 그런다. "엄마는 잊어양이야!" EQ의 천재들에 나오는 '잊어씨'를 바꿔 불러 준 말이다.

인터넷 중고서점에서 아이가 사 달라는 『찰리와 거대한 유리 엘리베이터』를 검색해보았다. 우리나라는 책 사서 읽기 정말 좋은 나라다. 싸고 좋은 책이 인터넷에 널려 있다.

책이 오자마자 아이는 읽기 바쁘다. 잠자기 전에 읽어 줄까? 물어보니 자기가 읽겠단다. 어느새 혼자 책 읽는 즐거움을 알아가고 있다. 이러다 내가 생각한 것보다 더 빨리 아이가 읽기 독립을 할지도 모르겠다.

나는 도서관과 중고책을 사랑한다. 1~2주일에 한 번 아이들과 도서관에 간다. 한 번씩 중고서점에도 간다. 거기 갔을 때는 정해진 예산 안에서 아이가 돈을 내고 책을 사게 한다. 도서관에서 빌린 책에서 아이가 좋아하는 책, 사 달라고 말하는 책은 인터넷에서 중고로 산다.

더욱이 전집을 살 때는 중고가 빛을 발한다. 전집을 새 책으로 구입하려면 가격이 만만찮다. 한 세트에 몇십만 원이다. 책값이 부담스러울 때는 굳이 새 책이 아니어도 괜찮다. 중고책 시장이 잘 되어 있어 편리하다.

내가 책을 사는 방법

책을 살 때 나름 기준을 정해 놓고 산다. 내가 책을 사는 방법은 다음과 같다.

1. 한 달 예산 정하기

우리 집은 한 달에 10만 원 안에서 아이 한글책, 영어책, 영어 DVD 를 산다. 좋은 전집도 10만 원을 넘지 않는 선에서 고른다. 아이에게 한 달 예산을 알려 주고 그 선에서 책을 구입해야 한다는 것을 이해시킨다.

중고서점에 갈 때는 1만 원 안에서 책을 사게 한다. 일반서점에 가면 2만 원 안에서 책을 살 수 있다. 어느 정도 선에서 살 수 있는지 아이에게 정확하게 알려 준다. 그러면 아이는 정해진 금액 안에서 물건을 사는 법을 배울 수 있다.

2. 아이가 어린 경우

아이가 책을 사 달라고 말하는 나이가 되기 전까진 엄마의 감으로 산다. 구매하기 전 미리 도서관에서 책을 살짝 읽어 본 후 아이의 반응이 좋으면 그 책을 산다. 도서관에서 빌리는 책도 먼저 한 페이지 정도 읽어 주고 아이 반응에 따라 선택한다. 도서관에서 빌린 책 중 계속 읽어 달라고 들고 오는 책이 있다면 바로 산다.

3. 아이가 의사표현을 하는 경우

아이가 사 달라는 책은 대부분 산다. 빌린 책에서 재밌다고 하면 "이 책 살까?" 하고 물어본다. 아이 나름대로 사고 싶은 책과 사지 않아도 되는 책으로 나뉜다. 한번은 아이가 좋아하는 듯해서 책을 샀는

데 정작 아이는 책을 보더니 "엄마, 이 책은 왜 샀어요?"라며 뚱한 표정이었다.

4. 형제자매가 있는 경우

첫째 아이, 둘째 아이를 위한 책을 따로 산다. 둘째 아이의 경우에는 이미 집에 책이 많으니 잘 안 사주게 된다. 1~2권이라도 둘째 아이가 좋아하는 책을 따로 사 주면 아이는 자기 것이 생겼다고 무척 좋아한다. 아이들이 자랄수록 취향이 다르기 때문에 아이에게 맞는 책으로 사 주면 좋다.

5. 사고 싶은 전집이 중고시장에 잘 안 나오는 경우

낱권으로 살 수 있는 전집이 있다. 어떤 전집은 중고로 잘 나오지 않는다. 이미 절판된 책도 있다. 이럴 때 인터넷 중고서점에서 낱권으로 한 권씩 검색해서 나만의 전집으로 만들 수 있다. 몇 권 빠져도 괜찮다. 전집 수준으로 책을 다 채워서 사지 않아도 된다.

아이와 함께 우리 집에서만 볼 수 있는 독특한 책 문화를 만들어 보면 어떨까? 아이가 흥미로워하는 책, 아이가 사 달라는 책으로 책장을 조금씩 채워 나간다. 아이가 두고두고 읽은 책들이 담긴 책장은 보기만 해도 기분 좋다. 아이와 함께 걸어온 책육아 역사가 눈앞에 펼쳐진다. 테이프가 덕지덕지 붙은 책, 너덜너덜한 책, 손때 묻은 책을 만지작거리다 보면 가슴이 뭉클하다.

아이에게 책을 읽어 주는 지금 이 순간이 더없이 소중하다. 다시는 돌아오지 않을 빛나는 날이다. 나에게 선물 같은 하루를 아이와 함께 마음껏 누리자. 미국의 시인이자 사상가인 랄프 왈도 에머슨은 말했다.

"그날그날이 가장 좋은 날이라는 것을 마음속 깊이 새겨 두라."

아이의 독서습관을 위해 3B가 필요하다

"엄마, 나는 엄마가 책 읽어 줄 때가 제일 좋아요. 엄마가 책 읽어 주는 시간이 끝나면 슬퍼요."

첫째 아이는 엄마가 읽어 줄 한글 그림책 1권, 영어 그림책 1권을 가지고 온다. 둘째 아이도 덩달아서 『먹보양』을 들고 온다. 나는 어느새 6년째 잠자기 전에 아이들에게 책을 읽어 주고 있다. 그것이 두 아이가 독서습관을 제대로 가지게 된 비결이다.

첫째 아이가 13개월 때부터 한글 그림책과 영어 그림책을 읽어 주기 시작했다. 잠자기 전에는 내가 고른 책이 아닌 아이가 읽어 달라는 책을 읽어 주었다. 그렇게 시작한 일이 지금까지 왔다.

두 아이에게 잠자리 독서는 빠질 수 없는 일과다. 오히려 "엄마 몸이 안 좋아서 내일 읽어 줄게."라고 말하면 첫째 아이는 굉장히 아쉬워한다. 둘째 아이는 오빠를 보고 표정을 따라 한다. 두 아이의 표정이 재미있다.

"그럼 한 권만 읽어 줄게." 읽어 주다 보면 한글 그림책, 영어 그림책, 이야기책까지 다 읽어 주고 있다. 아무리 피곤해도 시작하면 그동안 하던 대로 입이 알아서 움직인다. 이제는 아이에게 책 읽어 주는 일이 어렵지 않다. 안 하면 오히려 허전하다. 나와 아이들에게 흔들리지 않는 독서습관이 자리 잡은 셈이다. 지난 6년 동안 날마다 같은 때에 꾸준히 한 덕분이다.

첫째 아이는 어릴 때부터 놀면서 그림책을 한 번씩 혼자 넘겨보았다. 공룡을 좋아할 때는 공룡이 나온 책만 꺼내서 그림을 보고 공룡 이름을 말했다. 수시로 읽어 달라고 들고 오는 책도 많았다. 그러더니 다섯 살 무렵부터 글자를 조금씩 읽기 시작했다. 여섯 살이 되더니 글자를 더 잘 읽게 되었다. 그 뒤로 읽어 달라고 가져오는 양이 확 줄었다. 어느 날 내가 읽어 주었던 이야기책을 혼자 읽고 있었다. 『나무 집』 시리즈를 굉장히 좋아했는데 처음에는 도서관에서 빌려봤다. 아이는 보고 또 보고 싶어 했다. 자꾸 읽어 달라고 해서 결국 시리즈 8권을 다 샀다.

『나무 집』 시리즈를 잠자기 전에 조금씩 나눠서 읽어 주었다. 대부분 두세 번 반복했다. 아이는 로알드 달이 쓴 책 다음으로 『나무 집』 시리즈에 푹 빠졌다. 흑백이지만 재미있는 그림이 많은 편이다. 글자를 잘 읽지 못하는 아이가 스스로 책을 넘겨 보곤 했다. 내 생각에는 그림을 보는 듯했다.

그러다 기적이 일어났다. 아이가 혼자 읽기 시작한 것이다. "엄마, 나는 책 읽고 있어요. 이건 글자를 읽고 있다는 뜻이에요." 하고 말했다. 아이는 수시로 책을 읽었다. 이미 아는 내용이 많아서 그랬을까. 쉽고 편안하게 읽었다.

유치원에 다니지 않아서 아이는 집에 있는 시간이 많았다. 대여섯 살 때는 시도 때도 없이 책을 보았다. 놀다가도 어느 순간 자유로운 자세로 책을 읽는다. 아이에게 책 읽기는 놀이고 책은 장난감이었다.

아이가 글자를 읽게 되자 책 읽기에 날개를 달았다. 낮에는 읽어 달라고 책을 가져오지 않는다. 이제는 거꾸로 책을 읽어 주면서 나에게 설명한다. 들어보면 문장 수준에서 술술 읽고 있다.

"엄마, 이 책은 나 혼자 읽을 거예요. 읽어 주지 마세요." 내가 꿈꾸는 읽기 독립이 내 눈앞에서 차츰 열리는 기분이었다. 지금까지 날마다 책을 읽어 준 시간이 헛되지 않았다는 것을 깨달았다.

이제는 둘째 아이만 나에게 책을 가져온다. 낮에는 주로 둘째 아이에게 책을 읽어 준다. 밤에는 무조건 첫째 아이가 읽어 달라는 책을 읽어 주고 있다. 첫째 아이의 독서습관이 잡히자 둘째 아이도 덩달아 배우고 있다. 오빠가 책을 보고 있으면 옆에서 그대로 따라 한다. 첫째 아이 효과를 톡톡히 보고 있다. 조선 후기 유학자 이경근이 쓴 『고암가훈顧菴家訓』에 나오는 말이 틀리지 않았다.

"무릇 아이들이 공부를 열심히 하게 하려면 먼저 반드시 아버지나 형이 공부해야 한다. 그 후에 아이에게 공부할 것과 금지할 것을 말해야 제대로 이루어진다."

습관이란 무엇일까? 어떤 행위를 오랫동안 되풀이하는 과정에서 저절로 익힌 행동 방식이다. 『아주 작은 습관의 힘』에서는 습관에 대해 이렇게 말한다.

"결과는 그동안의 습관이 쌓인 것이다. 순자산은 그동안의 경제적 습관이 쌓인 결과다. 몸무게는 그동안의 식습관이 쌓인 결과이고, 지식은 그동안의 학습 습관이 쌓인 결과다. 방 안의 잡동사니들은 그동안의 청소 습관이 쌓인 결과다. 우리는 우리가 반복했던 일의 결과를 얻는다."

습관이 자동으로 일어나게 하려면 얼마나 자주 여러번 했는지가 중요하다. 우리가 지금 가지고 있는 습관은 수백, 수천 번 반복하는 과정에서 몸에 새겨진 것이다. 독서야말로 아이든 어른이든 습관으로 만들어야 한다. 그러려면 자주, 많이, 오래 해야 한다.

아이는 엄마가 책을 읽어 주는 일에서 혼자 읽기로 나가야 한다. 독서 단계는 숙련된 독서가까지 가면 좋다. 숙련된 독서가는 혼자서 오랫동안 많은 책을 읽은 사람이 다다를 수 있다. 독서는 그림책에서 시작해서 글밥 많은 고전까지 가야 한다. 아이가 혼자 읽고 생각할 수 있도록 도와주자.

아이 혼자 책 읽는 습관이 자리 잡기 전까지 우리에게는 다음의 3B가 필요하다.

1. 책을 읽어 주는 사람^{Book people}

글자를 모르는 아이에게 책을 읽어 주는 사람이다. 아빠든 엄마든 누구라도 좋다. 아이가 글이 많은 책을 끝까지 읽는 경험을 하도록 도와준다. 어느 순간 아이는 글자를 읽는다. 그러면 자기가 재미있게 들었던 책을 읽어 보고 싶어 한다. 책은 자꾸 봐야 능숙해진다. 독서습관이 자리 잡기 전까지 누군가 아이에게 책을 꾸준히 읽어 주어야 한다.

2. 아이가 좋아하는 책^{Book}

집에는 아이가 좋아하는 책이 많을수록 좋다. 아이가 선호하는 책으로 사서 읽어 준다. 도서관에서 빌려서 읽어 줄 수도 있다. 빌렸던 책에서 아이가 재미있게 들은 책은 산다. 책장에 아이가 즐겨 읽는 책이 많을수록 아이는 더 자주 많이 본다.

3. 책을 읽을 수 있는 시간 Book Time

아이 혼자서 자유롭게 책을 읽는 시간이다. 누구도 간섭하지 않고 아이가 읽고 싶을 때, 언제든 볼 수 있는 충분한 시간이 있어야 한다. 아이가 책을 읽을 때 잔소리는 금물이다. 읽고 싶은 자세로, 읽고 싶은 곳에서, 읽고 싶은 시간에 읽게 한다.

미국 사회개혁가 야콥 리스는 이렇게 말했다.

"세상이 날 외면했다고 여겨질 때 나는 석공을 찾아간다. 석공이 100번 망치를 내려치지만, 돌에는 금조차 가지 않는다. 101번째 내려치자 돌이 둘로 갈라진다. 나는 그 마지막 타격으로 돌이 갈라진 게 아님을 알고 있다. 그건 그전에 계속 내려친 일들의 결과다."

책을 좋아하는 아이는 하루아침에 만들어지지 않는다. 엄마가 책을 읽어 주는 시간이 쌓이고 쌓여서 독서습관이란 결과로 나온다. 씨앗이 아이 마음에 뿌리를 내리고 가지를 뻗을 때까지 아이에게 책을 읽어 주자. 독서습관이라는 값진 열매를 맺는 날이 분명히 올 것이다.

이야기 속에서 아이는 다양한 감정을 배운다.
어릴수록 감정을 존중받는 환경에서 자랄 때 아이의 정서가 건강하다.
아이의 느낌을 이해해주는 환경이 중요하다.
미국 심리학자 대니얼 골먼은 '정서지능'의 중요성을 주장하며
사람의 뇌 안에는 감정을 조절하는 부위가 있다고 말한다.

4장

그림책에서 이야기책으로 넘어가기

5세부터 시작하는
이야기책 읽어 주기

"여우 아저씨는 책을 너무나 좋아했어요. 급기야는 책을 다 읽은 다음 소금 한 숨, 후추 조금을 뿌려 꿀꺽 먹었어요. 하지만 책값이 워낙 비싼 탓에 마음껏 책을 읽고 먹을 수 없었어요."

벌써 아이에게 네 번째 반복해서『책 먹는 여우』를 읽어 주고 있다. 아이는 다 읽은 다음에 또 읽어 달라고 들고 왔다.『책 먹는 여우』는 아이에게 읽어 줄 첫 이야기책으로 고민할 때 어렵게 고른 책이었다. 이야기책 읽어 주기는 시작부터 성공이었다. 아이가 자꾸 읽어달라고 말하니까. 3년 동안 날마다 그림책을 읽어 준 효과를 톡톡히 맛보고 있는 셈이다.

나는 첫째 아이가 다섯 살이 된 1월부터 이야기책을 읽어 주었다.『책 먹는 여우』를 네 번 정도 반복한 다음『고양이 택시』,『화요일의 두꺼비』,『노란 양동이』,『첫 번째 메시지 구약편』을 읽어 주었다.

아이는 내가 고른 책을 모두 좋아했다. 책을 한 권 다 읽으면 또 읽어 달라고 했다. 어떤 책을 읽어 주면 좋을지 깊게 고민하고 찾아본 보람을 느꼈다. 이야기책을 읽어 주면서 첫째 아이의 독서 단계가 올라갔다.

아이에게 들려주는 책이 그림책에서 이야기책으로 자연스럽게 넘어갔다. 이제는 잠자기 전에 한글 그림책, 영어 그림책, 이야기책을 조금씩 나눠서 읽어 준다. 우리 집 책육아 습관으로 자리 잡았다. 2018년 1월부터 시작한 이야기책 읽어 주기는 지금까지 계속되고 있다. 2년 동안 아이와 함께 읽은 이야기책은 책장 한쪽에 쭉 꽂혀 있다.

아이는 이제 스스로 읽고 싶은 책을 골라서 읽는다. 사 달라고 말하는 책 중에 이야기책이 있다. 첫째 아이는 책이 얇든 두껍든, 글이 많든 적든 자기가 보고 싶은 책을 편하게 본다.

책육아를 하면서 몇 가지 고민이 있었다. 언제까지 책을 읽어 주면 좋을지, 어느 수준의 책을 읽어 줘야 할지, 그림책 읽어 주기에서 끝내야 하는 건가였다.

학교 들어가기 전에 그림책을 읽어 주는 일은 당연한 문화로 자리 잡았다. 밤새 많은 책을 읽어 주지 못해서 미안해하는 부모가 얼마나 많은가! 글자를 모르는 어린아이에게 책을 읽어 주는 것은 자연스럽게 여긴다.

하지만 아이가 글자를 읽으면 어떨까? '드디어 책 읽어 주기에서 해방이다!'며 아이에게 혼자 읽으라고 한다. 이때부터 아이에게 책을 꼭 읽어 줘야 한다고 느끼지 못한다. 학교에 들어간 아이에게 하는 말은 "책 읽어 줄게."가 아닌 "책 읽어라."로 바뀐다. 글이 많은 책도 아이 혼자 읽어야 한다. 공부에 도움이 되는 책이라며 학년별 권장도서를 찾아 아이에게 건넨다. 아이는 어떨까? 이야기책이 재미있을까? 읽고 또 읽고 싶을까? 그런 아이들이 많다면 부모는 고민거리가 없을 것이다.

초등학교에 들어간 아이를 둔 학부모들은 한결같이 말한다. "우리 아이는 어릴 때 책을 되게 좋아했는데, 지금은 싫어해요. 책을 안 봐요." 이런 말은 책을 잘 읽던 아이도 점점 책과 멀어지고 있다는 의미다.

아이 주변을 둘러보면 책 말고도 스마트폰, 유튜브, 게임 등 놀거리가 많다. 게다가 학년이 올라갈수록 책 읽을 시간이 턱없이 부족해진다. 아이가 계속 책을 찾아 읽을 수 있게 하려면 어떻게 해야 할까? 책과 점점 멀어지는 걸 그냥 바라만 보고 있어야 할까? 한 가지 방법으로 아이가 다섯 살 때부터, 부모가 글밥 많은 이야기책을 읽어 주는 것을 권한다. 어려서부터 글밥 많은 책과 친숙해지면 책에 대한 거부감이 한결 줄어든다.

이야기책을 읽기 적당한 때

이야기책은 이야기를 한 권에 담은 책이다. 이야기책의 중심은 글이고, 그림은 보조수단이다. 그림책에 비해 그림의 수가 훨씬 적다.

알록달록한 그림책에 눈이 길들여진 아이들에게 이야기책에 나오는 그림은 친절하지 않다. 그림책보다 많은 글자가 줄줄 나온다. 게다가 그림책보다 두껍다.

그림책을 재미있게 읽은 아이들이 글자를 읽을 수 있다고 해도, 이야기책 단계로 들어가는 일은 쉽지 않다. 그림책은 그림만 봐도 이야기를 대충 이해할 수 있지만, 이야기책은 어떨까? 그림만 봐서는 책 전체 내용을 알 수 없다. 문장을 이해해야 이야기 흐름을 알 수 있다.

"그림책이 아닌 동화책을 읽게 하려면 어떻게 해야 할까? 올리버의 아버지가 한 것처럼 그림이 없는 이야기나 그림은 있어도 삽화 정도인 이야기책을 들려주는 수밖에 없다. 그러나 많은 어른이 그림책은 잘 읽어 주지만 이야기책은 읽어 주지 않는다."

나는 『그림책과 이야기책에서』에서 답을 찾았다. 결국 부모가 이야기책도 읽어 주면 되는 거였다. 아이는 자연스럽게 그림책에서 다음 단계로 넘어갈 수 있다. 그럼 언제부터 이야기책을 읽어 줄 수 있을까?

『하루 15분 책 읽어 주기의 힘』에서 '유치원 아이에게 소설을 읽어 주어도 될까'라는 내용을 보면 유치원 아이에게 소설을 읽어 줄 수 있다고 말한다. 유치원에 들어가는 나이면 다섯 살이다. 다섯 살 아이는 모국어를 유창하게 말한다. 웬만한 말을 듣고 이해한다. 모국어가 확실하게 자리 잡혀 있다. 더구나 아기 때부터 그림책을 계속 듣고 자란 아이는 이제 글이 많은 그림책도 이해할 수 있다.

다섯 살 아이는 15~20분 동안 이야기를 듣고 어느 정도 알아듣는다. 나는 우리 아이에게 이야기책을 조금씩 나눠서 읽어 줘야겠다고 목표를 세웠다. 하지만 막상 하려니 쉽지 않았다.

그림책을 읽어주는 방법은 여러 책에서 다룬다. 주제별, 나이에 따른 그림책 목록을 소개한 책도 여러 권이다. 최근에 나온 책 2~3권 정도만 읽어도 그림책 리스트는 몇백 권이 나올 정도다.

하지만 유치원에 다니는 나이의 아이에게 어떤 '글밥 많은 이야기책'을 읽어 주면 좋을지를 알려 주는 책은 별로 없었다. 나는 지인들의 블로그 기록에서 자료를 모았다. 내 주변에는 아이가 초등학생이어도 책을 읽어 주는 분들이 있었다. 그들은 그림책뿐만 아니라 이야기책도 읽어 주었다. 나는 그 아이들의 독서기록에서 이야기책 목록을 뽑았다.

그것을 인터넷 서점에서 검색했다. 내용을 대략 훑어보고 지금 아이가 좋아할 만한 책으로 골랐다. 책을 찾으면서 아이를 위해 처음 그림책을 골랐을 때가 떠올랐다. 막막하기만 했던 그 시절을 이겨낸 시간들이 있었기에 지금 새로운 분야의 책 고르기도 할 수 있다.

처음에는 내 아이를 위한 이야기책 찾는 일이 낯설었다. 그림책 고르는 일보다 어렵다고 느꼈다. 하지만 아이의 독서 단계를 높이려면 꼭 거쳐야 할 과정이라고 생각했다.

'그림책'에서 글자가 많은 '이야기책'으로 넘어갈 때 아이는 괜찮을까? 아이가 받아들일 수 있을지 궁금했다. 실제로 읽어 주었더니 아이는 편안하게 들었다. 내 생각만으로는 알 수 없다. 아이가 잘 듣는 까닭은 그동안 그림책을 읽어 준 시간이 있었기 때문이리라. 아이는 내 생각보다 더 쉽게 이야기책 속으로 발을 내딛었다.

어떤 아이는 갑자기 글이 많은 책을 보고 당황할 수도 있다. 아이마다 받아들이는 속도가 다르다. 따라서 아이가 놀라지 않도록 천천히, 여유 있게 이야기책 읽어 주기를 시작해야 한다. 이야기책을 처음 진행할 때는 다음과 같은 방법으로 시작해 보자.

이야기책 읽어 줄 때 알아야 할 것들

1. 이야기책을 살 때 2~3권 정도 더 산다

이 책 부록에 있는 목록이나 초등 1~2학년이 읽으면 좋은 책 목록을 살펴본다. 인터넷서점에서 미리보기나 책 소개 글을 읽는다. 그중 아이가 좋아할 만한 주제가 담긴 책을 산다. 이때는 단행본으로 산다. 이야기책을 읽기 시작했다고 전집으로 미리 구입하지 않는다. 아이가 좋아하지 않는 책이 있을 수 있으니 여유분으로 2권 정도 더 산다. 내가 선택한 책을 아이가 좋아할지 잘 모르겠다면 도서관에서 빌려도 괜찮다.

2. 엄마가 먼저 읽는다

엄마가 먼저 앞쪽을 읽어본다. 아이 앞에서 엄마가 재미있게 책 읽는 모습을 보여 주는 것은 무척 효과적이다. 어린이를 위해 나온 이야기책 중에 어른이 읽기 좋은 책들도 많다. 실제 읽어 보면 정말 재미있다. 내가 잠시 아이가 된 기분을 느껴 보자. 어린 시절 추억이 새록새록 떠오른다.

3. 아이 손이 잘 닿는 곳에 책을 둔다

아이가 잘 노는 곳, 눈에 보이는 곳에 책을 놓는다. 아이가 지나가면서 자꾸 표지를 보거나 만져볼 수 있다면 더 좋다. 책과 친해질 수 있는 시간을 갖게 한다. 갑자기 아이에게 책을 들이밀지 않도록 주의한다. 그림보다 글이 더 많은 책도 있다는 것을 눈으로 보게 한다. 아이가 책을 자유롭게 넘겨 볼 수 있게 둔다. 묵혀 두는 기간을 1~2주일 정도 잡는다.

4. 책을 읽어 주기 전에 책에 흥미를 느끼도록 이야기한다

책에 어떤 재미있는 이야기가 담겼는지 아이가 관심을 가질 수 있도록 스토리텔링으로 먼저 들려준다. 글을 쓴 작가에 관해서도 말해 준다.

5. 목차나 전체 쪽수를 보고 양을 나눈 다음 읽어 준다

책을 읽어 주기 전에 목차를 읽어 준다. 목차가 없는 경우 한번에 10~20쪽 정도 되는 양으로 읽어 준다. 아이에게 이야기책은 앞으로 한 번에 안 읽고 조금씩 읽어 줄 거라고 말해 준다. 아이가 버거워하지 않을 양만큼 읽어 준다. 하루에 몰아서 많이 읽어 주지 않는다. 아이가 그다음 이야기를 궁금해하고 "더 읽어 주세요."라고 말해도 멈춘다. 여러 날 나눠서 먹어야 하는 책이라고 설명한다.

차라리 아이가 궁금해하는 게 더 낫다. 그래야 아이는 다음 이야기를 알고 싶어 책을 들고 온다. 이야기책 읽어 주기의 핵심도 무조건 재미다. 아이가 귀를 쫑긋 세우고 다음 이야기를 궁금해서 못 견뎌 하면 성공이다.

아이는 이야기 듣기를 신나 한다. 더욱이 엄마나 아빠가 읽어 주는 책을 제일 좋아한다. 초등학생도 엄마가 읽어 주면 즐거워한다. 아무리 두꺼운 책이라도 엄마가 날마다 조금씩 나눠서 읽어 주면 읽어주기가 수월해진다. 이미 알고 있는 이야기는 아이가 글자를 읽게 되었을 때 혼자서 더 쉽게 읽을 수 있다.

이야기책을 자꾸 읽다 보면 아이는 글자와 친해진다. 그림보다는 글자에 눈이 가게 되는 책이기 때문이다. 초등학교에 들어가서도 글이 많은 책을 대수롭지 않게 생각하는 아이가 된다.

건강한 자존감을 키우는
책 읽기

"하지만 곧 굴착기가 바짝 쫓아왔고, 힘센 삽이 퍽퍽하고 흙을 파내는 소리가 점점 크게 들려왔어요. 한번은 굴착기가 바로 등 뒤까지 쫓아온 적도 있었어요. 흙을 퍼내는 그 날카로운 삽날까지 언뜻 보일 정도였죠.
여우씨가 헐떡거리며 말했어요.
"얘들아, 계속 파라! 절대로 포기하지 마!"

『멋진 여우씨』에서 손에 땀을 쥐게 하는 장면이다. 여우 가족을 잡기 위해서 굴착기와 삽으로 땅을 파는 사람들. 그들에게 붙잡히지 않기 위해서 죽을힘을 다해 땅을 파는 여우네 식구들. 그들은 과연 어떻게 될까?

첫째 아이는『멋진 여우씨』를 아주 많이 좋아했다. 이야기책도 아이가 좋아하면 수없이 반복한다는 것을 깨달았다. 총 126쪽이다. 차

례를 보면 소제목이 18개다.

나는 하루에 소제목 두세 개씩을 나눠서 읽어 주었다. 처음에는 두 개씩 읽어 줬다. 다 읽어 주는 데 총 9일이 걸렸다. 그 뒤에는 더 읽어 달라고 하여 3개씩 읽어 주었다. 짧게는 6일. 그걸 10번도 넘게 반복했다. 그동안 두 달이 훌쩍 지났다. 계속 읽어 주다 보니 아이는 차례도 외워 버렸다. 글자를 제대로 못 읽는 다섯 살 아이가 오늘은 어디까지 읽어 주면 된다고 알려주기도 했다.

『멋진 여우씨』를 시작으로 로알드 달이 쓴 『제임스와 슈퍼복숭아』, 『찰리와 초콜릿 공장』을 이어서 읽어 주었다. 『제임스와 슈퍼복숭아』는 두 번, 『찰리와 초콜릿 공장』은 네 번 반복했다. 두 권은 『멋진 여우씨』보다 두꺼워서 더 오래 걸렸다. 아이는 한동안 로알드 달이 들려주는 세계에 빠져 지낸 셈이다.

로알드 달이 쓴 작품을 보면 손에 땀을 쥐게 하는 사건들이 벌어진다. 다음 이야기를 모를 때 어른인 나조차도 궁금하다. 『찰리와 초콜릿 공장』에서 찰리는 언제쯤 초대장을 받을지, 어떻게 받게 될지 알고 싶다. 얼른 다음 장을 넘기게 된다.

『제임스와 슈퍼복숭아』에서는 거대한 복숭아를 타고 하늘을 날면서 겪는 문제들을 어떻게 해결해 나갈지 궁금하다. 복숭아를 타고 하늘을 날면 어떨지, 땅에 떨어지기라도 하면 어떡하지, 가슴이 두근거린다.

이야기책을 읽어 주다 보면 그림책을 읽을 때와 또 다른 재미를 느낄 수 있다. 이야기는 어떤 흐름을 가지고 있다. 여러 가지 사건이 생긴다. 주인공은 끝까지 해결한다. 그 가운데 성장한다는 큰 줄기가 있다. 아무리 상황이 어려워도 자기만의 방법대로 헤쳐나간다.

이야기책을 읽으면서 자존감이 올라간다

이야기에서 아이는 무엇을 느낄 수 있을까? 아이의 마음과 생각이 자랄 수 있다. 그 안에는 많은 등장인물이 나온다. 다양한 사람의 모습과 행동을 보면서 내 주변을 이해할 수 있다. 해결해야 할 수많은 사건을 만난다. 그들이 헤쳐나가는 모습을 보면서 문제를 만났을 때 어떻게 해야 하는지 간접적으로 배울 수 있다.

이야기 속에서 아이는 다양한 감정을 배운다. 어릴수록 감정을 존중받는 환경에서 자랄 때 아이의 정서가 건강하다. 아이의 느낌을 이해해주는 환경이 중요하다. 미국 심리학자 대니얼 골먼은 '정서지능'의 중요성을 주장하며 사람의 뇌 안에는 감정을 조절하는 부위가 있다고 말한다. "인생의 성패는 지능이 아닌 감정을 조절하는 능력에 달렸다."고 주장한다.

감정을 조절하는 것과 더불어 '공감'하는 능력이 필요하다. 공감은 부모와 아이의 친밀한 교류에서 무의식적으로 이루어진다. 이것은 아이 혼자서 기를 수 없다. 나눌 수 있는 대상이 있어야 한다. 사람 사이에서 적절하게 교류가 이루어질 때 공감 능력이 무럭무럭 자란다.

유아교육학자 브롬리는 "아이들이 책 읽기로 자신과 다른 사람에 대해 학습할 뿐만 아니라, 아이 자신의 지식 또한 확대된다."고 주장했다. 아이는 이야기로 다른 사람에 대해 배운다. 이야기책은 부모와 아이의 마음을 연결해주는 다리가 될 수 있다. 아이에게 이야기책을 읽어 주고 서로 생각을 나눌 수 있다. 함께 느낀 부분을 나누다 보면 다른 사람을 이해하는 폭이 넓어진다.

감정을 조절하고 공감하는 능력이 자라면서 아이의 자존감도 높아진다. 자존감이란 무엇일까?『자존감 수업』에서 정신과 의사 윤홍균은 다음과 같이 설명한다.

자존감의 기본 의미는 '자신을 어떻게 평가하는가'이다. 자신을 높게 평가하는지, 낮게 평가하는지에 대한 정도를 뜻한다. 이때 점수나 높이로 자존감이 어느 수준인지 표현할 수 있다. 자존감은 자신을 사랑하는 정도라고도 말한다.

자존감에는 3가지 기본 축이 있다. 사람마다 자존감을 다르게 해석한다. 3가지는 자기 효능감, 자기 조절감, 자기 안전감이다.
첫째, 자기 효능감은 자신이 얼마나 쓸모 있는 사람인지 느끼는 것이다. 자기가 있는 곳에서 얼마나 인정받고 있는지에 따라서 자존감이 높다고 생각하는 부분이다.
둘째, 자기 조절감은 자기 마음대로 하고 싶은 본능이다. 이것이 충족되어야 자존감이 높아진다.
셋째, 자기 안전감은 자존감의 바탕을 만든다. 스스로 안전하고 편안함을 느끼는 능력이다.
자존감은 나를 사랑하는 마음이다. 내가 먼저 나를 이해할 수 있어야 한다. 내 안에는 잘난 모습, 못난 모습이 다 있다. 잘했을 때만 나를 사랑하고 칭찬하는 것이 아니다. 내 못난 모습도 있는 그대로 받아들인다.

　내가 나가야 할 길을 선택하고 문제를 해결한다. 어떤 상황에서 남 탓을 하느냐, 내가 해결하느냐에 따라 다른 인생을 산다. 내 앞에 있는 선택지를 내 힘으로 고른다. 나에게 맞는 길을 하나씩 개척해 나간다. 이것이 건강한 자존감을 가지고 살아가는 이들의 모습이다.

　어디에서 이런 모습을 많이 만날 수 있을까? 바로 이야기책이다. 그 안에는 많은 사람이 나온다. 자신을 사랑하는 사람, 남을 괴롭히는 사람, 어려움에 처한 사람들. 우리 주변에서 만날 수 있는 수많은 사람 또는 동물이 나온다.

　그들은 자기가 맡은 일을 끝까지 해낸다. 닥친 문제가 아무리 어려워도 자신의 힘으로 길을 만들어 나가며, 자신을 사랑하는 모습을 보여 준다. 여러 이야기를 듣다 보면 아이는 나름 머릿속에 그림을 그린다. 어떤 사람으로 살아야 할지, 어떤 모습이 더 나은지, 삶을 대하는 태도를 배운다.

　단순히 이야기만 읽어 주기보다는 아이에게 잠시 생각해 볼 수 있는 질문을 하면 더 효과적이다.

　"나라면 어떻게 할 수 있을까?"

　"다음에는 어떻게 되었을까?"

　이때 엄마가 느꼈던 부분도 함께 아이에게 말해 준다.

　"엄마라면 너무 떨려서 도망가고 싶었을 거야."

　아이의 자존감을 건강하게 키우려면 먼저 부모는 아이가 가진 잠재력을 믿어 준다. 톨스토이는 "천성이 더 강하기 때문에 아이는 결국 그 잠재력대로 자란다."고 말했다. 모든 아이는 자기만의 잠재력을 갖고 태어난다. 아이가 가진 타고난 성향대로 자란다. 그 힘을 믿는 것이다.

이야기책을 읽어 주면서 아이가 하는 말을 귀 기울여 듣자. 아이가 어이없는 이야기를 하고 있을지라도 끝까지 집중한다. 사람들을 놀라게 만든 수많은 아이디어는 말도 안 된다고 생각하는 데서 출발했다.

아이에게 읽어 주는 이야기책, 아이와 편안하게 나누는 대화, 아이의 말을 끝까지 들어주고 잠재력을 믿어 줄 때 아이의 자존감은 건강하게 자랄 것이다.

독후활동?
5분 눈높이 대화로 충분하다

전국시대 진나라는 나라 기틀이 잡히고 강한 나라가 되었다. 진나라 무왕은 국력이 강성해지자 점차 자만한 행동을 보였다. 그러자 한 신하가 무왕에게 이렇게 말했다.

"지금 대왕은 위魏, 조曹 두 나라를 얻은 것에 만족하여 제齊나라를 잃은 것을 너무 가볍게 생각하는 것 같습니다. 『시경』에 '처음이 있지 않은 일은 없으나 끝이 잘 마무리되는 일은 드물다靡不有初 鮮克有終'는 말이 있습니다. 이전 왕들은 시작과 끝을 모두 존중하여 대성하셨습니다. 이에 반해 처음에는 잘하다가도 끝마무리를 잘하지 못해 멸망한 경우가 너무도 많습니다. 만일 마무리를 제대로 하지 못하면 나라가 멸망하는 화를 당할 것입니다."

무왕은 자신의 나라가 강하다고 여기고 나랏일을 제대로 하지 않았다. 이를 걱정한 신하가 『시경』에 있는 구절을 인용해서 충언한 것이다. '미불유초 선극유종'은 "누구라도 시작할 수 있지만, 끝맺음을 잘하기 어렵다. 그러니 끝까지 최선을 다해야 한다."는 말이다.

책육아도 마찬가지다. 누구라도 시작할 수 있다. 책만 있으면 되기 때문이다. 하지만 꾸준하게 끝까지 가기는 어렵다. 책만 읽어 줄 때는 그나마 낫다. 독후활동까지 하려면 더 힘들다. 엄마들은 아이가 자랄수록 어떤 활동이 좋은지 고민한다. 나 역시 그랬다. 하지만 책 읽어 주기의 본질을 깨닫고 욕심을 내려놓았다. 이제는 아이와 내가 편안하게 할 수 있는 5분 눈높이 대화만 나눈다.

"엄마, 찰리는 평생 먹을 수 있는 초콜릿을 선물 받았대요."
"그래? 찰리는 정말 좋겠다. 엄마도 우리 집에 초콜릿이 가득 차 있으면 좋겠다. 하민이는 찰리처럼 평생 먹을 수 있는 간식으로 뭐 받고 싶어?"
"나는 먹어도 먹어도 녹지 않는 초코아이스크림이요. 더위도 안 녹는 아이스크림."
"그런 거 있으면 엄마도 먹고 싶다. 나중에는 그런 기계가 생길지도 몰라."

『찰리와 초콜릿 공장』을 읽다가 아이가 말했다. 아이와 초콜릿 이야기를 나누고 녹지 않는 아이스크림을 상상하니 웃음이 나왔.

첫째 아이는 여섯 살이 되더니 책에 있는 이야기를 나에게 자주 말했다. 드디어 때가 되었다고 생각했다. 아이에게 질문을 던져도 좋은 날이 온 것이다. 이때부터 책을 읽어 주고 난 뒤에 지나가는 말로 아이에게 가볍게 물어보기 시작했다. 아이가 한창 『나무 집』 시리즈에 빠져있을 때였다.

"하민이는 어떤 방을 만들고 싶어? 엄마는 푹신푹신한 침대가 가득한 방이 있으면 좋겠어."

"엄마, 나는 아무리 먹어도 없어지지 않는 아이스크림 기계가 가득한 방이요."

아이스크림을 좋아하는 아이다운 말이다. 자꾸 하다 보니 아이에게 가볍게 질문하고 서로가 가진 생각을 나누는 일이 자연스럽게 자리 잡았다.

나는 첫째 아이가 다섯 살이 될 때까지 오로지 책만 읽어 주었다. 책과 연결한 독후활동을 전혀 하지 않았다. 아직 자기 생각을 말하기 어려워하는 아이에게 생각을 표현하라고 요구하지 않았다.

아이와 눈높이 대화 나누는 법

책육아에서 가장 중요한 것은 무엇일까? 아이가 유창하게 독해하는 수준까지 가는 일이다. 그다음은 숙련된 독서가가 되기 위해 아이 스스로 책 읽기를 즐겨하게 만들어야 한다.

책 읽기에서 함께 해야 한다고 여기는 과제가 있다. 바로 독후활동이다. 왠지 책만 읽어주자니 부족한 것 같다. 아이 발달을 위해 좋은 것을 더 해야 할 것 같다. 그런데 무엇을 해야 할지 감이 잡히지 않는다.

독후활동은 무엇일까? 책을 읽고 난 뒤에 연계해서 이루어지는 여러 활동이다. 활동지, 만들기, 그림 그리기, 요리하기까지 정말 다양하다. 아이와 함께 읽은 책과 연결해 재미있게 할 수 있는 것들이다.

독후활동을 하는 이유는 아이가 책의 내용을 잘 기억하고 책을 읽는 독서습관을 들이기 위해서다. 책을 읽고 느낀 감동을 잘 간직하기 위해서다. 그러니 아이가 책과 독후활동에 재미를 느끼면 된다.

문제는 지나친 독후활동이다. 아이가 책을 제대로 읽었는지 단순히 평가하는 질문들이나 무조건 써야 하는 독후감은 아이를 책과 멀어지게 한다. 더욱이 누군가 시켜서 해야 하는 것들은 재미있어 하지 않는다. 자기가 하고 싶은 것을 할 때 신나는 것이다.

우리나라 아이들이 한때 열심히 불렀던 겨울왕국 주제가인 《Let it go》가 있다. 주요 가사처럼 자신이 가진 모습 그대로 표현할 때 가장 자유롭다. 아이들은 어떤 틀에 넣을수록 벗어나고 싶어 한다. 독후활동도 아이가 자유롭게 생각을 표현할 수 있어야 아이에게 의미가 있다.

그중 하나를 꼽는다면 아이 눈높이에 맞는 대화다. 책을 읽고 오늘 느낀 부분을 아이와 짧게 나누는 것이다. 5분이면 충분하다. 엄마와 아이 모두 편안하게 할 수 있다. 크게 애쓰지 않아도 꾸준하게 할 수 있는 활동이다. 5분 눈높이 대화를 어떻게 시작하면 좋을까?

1. 오늘 읽은 내용을 생각해 본다

읽어 준 글 전체 흐름을 돌아본다. 오늘 읽어 줄 내용을 먼저 살펴보고 어떤 이야기가 나오는지 미리 아는 것이 좋다.

2. 아이와 나눌 대화 주제를 정한다

주제는 한 가지로 한다. 이야기가 연결되는 책이라면 다음에는 어떤 이야기가 나올지 물어본다. 한 사건이 벌어졌다면 나라면 어떻게 해결할 수 있을지 생각해 보게 한다. 감정을 다룬 부분이 나왔다면 나는 어떻게 느꼈는지 표현하게 한다.

3. 중간에 아이가 하는 말로 이야기를 나눈다

책을 읽어 주다 보면 아이가 중간에 자기 생각을 말하기도 한다. 아이 생각을 가지고 잠깐 이야기를 나눌 수 있다. 왜 그런 생각을 하게 되었는지 물어본다. 아이가 툭 던진 말을 좀 더 명확하게 표현할 수 있도록 범위를 점차 좁혀서 물어본다.

4. 아이에게 정답이나 교훈을 요구하지 않는다

모든 이야기를 착한 아이로 살아야 한다고 결론 짓지 않는다. 아이의 생각이 틀렸더라도 존중한다. 아이에게 정답만을 요구하지 않는다. 아이 생각을 함부로 재단하지 않는다. 아이는 엄마가 나보다 어른이기 때문에 엄마 생각이 무조건 옳다고 받아들일 수 있다. 아이가 생각 없이 엄마 의견을 따르지 않도록 주의한다. 각자 다른 생각을 나누는 것이 더 중요하다는 것을 알려 준다.

> "무엇보다 네가 아는 사람 가운데 헛된 것들을 좇느라 정작 자신의 소질에 맞는 것을 행하고 거기에 몰입하고 그것으로 만족하기를 소홀히 한 자들을 머리에 떠올려 보라. 여기서 한 가지 염두에 두어야 할 점은, 무엇을 행하든 그것에 쏟는 열성은 그 가치와 비례해야 한다는 것이다."

로마 황제였던 마르쿠스 아우렐리우스가 쓴 『명상록』에 나오는 글이다. 책육아를 할 때 우리는 어디에 열성을 쏟아야 할까. 어떤 일을 하는 것이 가치 있는 걸까. 남들이 다 하니까 그냥 좇아가기만 하면 위험하다. 이 일이 아이와 내가 성장하는 데 가치 있는 일인지, 아닌지 스스로 판단해야 한다.

남을 따라서 지나치게 하는 독후활동은 한계가 있다. 엄마가 소신 있게 가치 있는 활동으로 만들어야 한다. 아이의 생각을 자라게 하는 독후활동, 하루 5분 아이의 눈높이에 맞는 대화로 충분하다.

글밥 많은 책과
친해지는 법

아테네의 어떤 부자가 다른 승객들과 함께 항해하고 있었다. 세찬 폭풍이 일어 배가 뒤집히자 다른 사람들은 모두 살기 위해 헤엄쳤다. 그러나 아테네 사람은 계속해서 아테나 여신을 부르며 자기를 구해 주면 수많은 제물을 바치겠다고 서약했다. 난파당한 사람들 가운데 한 명이 그의 옆에서 헤엄치다가 그에게 말했다. "아테나 여신에게 도움을 청하는 것도 좋지만, 당신 손도 움직여야죠."

『이솝우화』에 나오는 이야기다. 폭풍이 몰아쳐 배가 뒤집혔다. 살기 위해서는 헤엄쳐야 한다. 가만히 있으면 물속에 가라앉아서 죽는다. 간절한 마음으로 신에게 기도하면 신이 나타나 뭍으로 데리고 가 줄까? 아니다. 신은 사람에게 헤엄칠 수 있는 팔과 다리를 주었다. 열심히 헤엄치면서 살려 달라고 기도하면 된다.

간절한 소망이 있다면 이루기 위한 행동이 뒤따라야 한다. 살고 싶다면 헤엄쳐서 뭍까지 가야 한다. 시험에 합격하고 싶다면 공부를 해야 한다. 아이가 글이 많은 책을 읽기를 바란다면 부모가 먼저 그런 책을 읽어 줘야 한다.

아이가 흠뻑 빠질 재미있는 이야기책을 찾아서 읽어 주자. 아이는 책 속에 펼쳐진 재미난 세상을 맛볼 수 있다. 지금까지 만나지 못한 일들이 펼쳐진다. 하지만 글밥 많은 책이 아직은 아이에게 낯설다. 처음부터 혼자 힘으로 가기는 어려울 수 있다.

이야기책 읽어주기는 글이 많은 책 속으로 떠나는 여행이다. 그림책만 읽던 아이가 글자가 잔뜩 나온 이야기책을 만났을 때 덜컥 겁이 날 수 있다. 아이가 위축되지 않도록 엄마 손을 잡고 가는 따뜻한 여정이 되게 만들어야 한다.

어느 순간 아이는 안심하며 엄마 손을 놓는다. 성큼성큼 앞서가면서 엄마에게 따라오라고 손짓한다. 아이 혼자 다음 쪽을 넘기며 읽고 있는 모습을 보게 된다. 왜 그럴까? 다음 이야기가 궁금해서 참지 못한다. 재미있는 이야기책이 아이의 마음을 사로잡기 때문이다. 아이는 저절로 책에 다가간다.

이야기책 읽기는 마라톤과 같다

그림책과 이야기책은 글밥에서 차이 난다. 그림책이 100미터 달리기라면 이야기책은 장거리 달리기다. 긴 거리를 달리려면 기초체력이 있어야 한다. 마지막 단계인 마라톤 풀코스를 뛰기 위해서는 짧은 구간부터 달릴 줄 알아야 한다.

초보자가 마라톤을 해내려면 무엇부터 해야 할까? 운동장 한 바퀴부터 달려야 한다. 거기에 익숙해지면 양을 조금씩 늘린다. 처음부터 42.195킬로미터를 완주할 수 있는 사람은 없다.

실제로 마라톤을 뛰는 사람들은 한 번에 최종 목적지를 생각하지 않는다. 여러 구간을 쪼개놓고 구간마다 목표 시간을 정한다. '이 부분은 10분 안에 뛰어야지.' 생각한다. 지금 달리는 곳에만 집중한다.

글이 많은 책을 읽을 때도 마찬가지다. 한 번에 한 권을 아이에게 다 읽어 줄 수 없다. 아이가 다 받아들일 수 없을뿐더러 읽어 주는 엄마도 힘에 부친다. 처음에는 아이와 엄마 모두 기초체력이 부족하다. 그림책에만 익숙한 아이가 글이 많은 책과 친해지려면 충분한 시간이 필요하다. 아이의 수준에 맞게 조금씩 양을 늘려야 한다.

자기 체력과 실력에 맞세 훈련하는 운동선수처럼 해나가자. 엄마부터 긴 글을 읽어 주는 데 익숙해져야 한다. 엄마가 긴 글을 자꾸 읽어 주어야 아이가 적응한다. 아이가 그림이 적고 글자가 많은 이야기를 들을 수 있는 귀가 열려야 한다. 여러 번 하면 편해진다. 이야기책은 한 걸음씩 나아가다 보면 어느새 목적지가 보이는 장거리 달리기와 같다.

매일 1쪽 읽기의 마법

오늘도 나는 책을 읽어 주기 전에 속으로 외친다. '딱 1쪽만 읽어 주자!' 다짐한다. 바로 내가 만든 '1쪽 마법'이다. 하루 종일 두 아이를 돌보고 나면 굉장히 피곤하다. 눕자마자 1초 안에 기절할 것 같다. 그냥 두 다리 뻗고 잤으면 좋겠다.

아무리 좋은 일이라도 엄마 몸이 지치면 미루고 싶다. '그래, 내일 더 좋은 컨디션으로 읽어 주는 거야'라고 생각한다. 다음 날에도 똑같다. 밤마다 내일로 계속 미루고 싶다.

'1쪽 마법'은 쉬고 싶어 하는 내 몸을 일으키는 맑은 종소리다. 내가 세운 성공 기준은 오늘 이야기책 1쪽 읽어 주기다. 무조건 쉽게 해낼 수 있는 목표로 시작한다. 하다 보면 한글 그림책 1권, 영어 그림책 1권, 오늘 읽을 이야기책까지 읽어줄 수 있다.

시작 전에 목표가 거대하면 지친다. 영어책 1권, 한글책 1권. 이것도 어떤 사람에게는 큰 산일 수 있다. 사람은 힘든 것은 피하고 싶어 한다. 몸이 피곤하면 안 하고 싶다. 이런 내 모습을 당연하게 받아들인다. 나는 부족한 엄마라고 쉽게 결론 내리지 말자.

손가락만 움직여도 되는 최소한의 힘으로 해낼 목표를 먼저 세운다. 책육아에서 제일 중요한 것은 얼마나 꾸준하게 책을 읽어 줄 수 있는가다. 하루에 100권 읽어 주고 그만두는 것보다 100일 동안 1권씩 계속 읽어 주는 게 더 낫다.

그림책에서 글이 많은 책으로 단계를 넘어갈 때도 마찬가지다. 우리 가정에 맞게 나가야 한다. 다음은 아이와 엄마 모두 글이 많은 책과 친해질 수 있는 몇 가지 방법이다.

1. 엄마부터 글이 많은 책과 친해진다

책을 읽어 주는 사람부터 긴 글에 익숙해져야 한다. 엄마부터 갑자기 늘어난 글 양에 부담이 없어야 아이에게 읽어 줄 수 있다. 오늘 읽어 줘야 할 최소 목표를 1쪽으로 잡는다. 아이와 함께 오늘 읽을 부분을 정해도 좋다. 이때 엄마가 해줄 수 있는 정도 안에서 아이에게 고르게 한다. 부담스럽지 않은 정도에서 읽어 줘야 한다. 긴 글 읽어 주기도 여러 번 해봐야 친해진다.

2. 아이도 엄마도 재미있는 책으로 고른다

읽어 주는 사람도 글에 재미를 느껴야 한다. 아이가 좋아할 책 가운데 엄마가 먼저 앞부분을 읽었을 때 흥미로운 책으로 선택한다. 재미없는 책을 읽는 것은 고역일 수 있다. 아무리 내용이 좋고 상을 받은 책이라고 해도 읽어 수기 버겁다. 무조건 아이 취향에만 맞추지 않아도 된다. 엄마 마음도 살펴서 책을 고른다.

3. 다음 이야기를 상상하며 읽는다

엄마와 아이 모두 다음 이야기를 그려 본다. "다음에는 어떻게 될까?"를 주제로 서로 이야기를 나눈다. 엄마 생각을 먼저 나누고 아이에게도 자기 생각을 표현하게 한다. 서로 다른 생각을 존중한다. 다음 이야기가 어떻게 될지 내일 읽으며 확인해 보자고 마무리한다. 엄마와 아이 모두 궁금해하는 이야기책일수록 읽어 줄 때 더 재미있다.

4. 아이가 싫어하면 멈춘다

한번 시작한 책은 끝을 봐야 한다는 생각은 내려놓는다. 엄마 생각엔 무척 좋은 책이라도 아이가 싫어한다면 멈춘다. 『짐 크노프와 기관사 루카스』를 읽어준 적이 있다. 유명한데다 남자아이들이 좋아한다고 해서 어렵게 골랐다. 나는 재미있었지만 아이는 그만 읽어 달라고 했다. 그날은 읽기를 멈추었다. 나는 여기에서 이야기를 덮고 싶지 않았다. 아이를 설득해서 다음 날 소제목 한 개를 더 읽어 주었다. 아이는 싫다고 했다. 결국 끝까지 갈 수 없었다. 아이에게 읽어 줄 책은 많다. 다른 것으로 찾으면 된다.

『에드워드 툴레인의 신기한 여행』을 쓴 케이트 디카밀로는 말했다. "사랑하는 사람이 책을 읽어 주면 우리는 긴장을 스르르 푼다. 그 순간 우리는 따뜻함과 빛 속에서 공존한다."

아이에게 책을 읽어 주는 시간은 아이와 함께 편안하게 빛 안에서 머무는 때이다. 서로 긴장을 풀고 사랑을 표현하는 시간이다. 느림, 느긋함, 여유를 가지고 읽어 주는 이야기책. 그 안에서 아이는 엄마의 사랑을 느낀다.

어느 순간 아이는 글밥 많은 책의 글자에 대한 부담감이 사라진다. 아이는 긴 글 이야기를 즐길 줄 안다. 그날이 올 때까지 계속 책을 읽어 주자. 가랑비에 옷 젖듯이, 낙숫물이 바위를 뚫듯이, 똑똑 떨어지는 물방울이 더치커피를 내리듯이.

『미식 예찬』을 쓴 프랑스의 법률가이자 미식가였던
장 앙텔므 브리야 사바랭은 말한다.
"당신이 오늘 먹은 것을 이야기해 보라. 그러면 나는 당신이 누구인지 말해 주겠다."
고전을 읽어 준다는 것은 아이 두뇌에 좋은 음식을 먹이는 행동이다.
아이가 자라면서 읽은 책은 아이가 어떤 사람인지 말해 준다.

5장

공부가 쉬워지는 고전 읽기

고전이 내 아이의
머리를 바꿔 줄까?

한 초등학교가 있다. 2011년에 처음으로 전교생 책 읽기 프로젝트를 시작했다. 어느새 8년 넘게 진행하고 있다. 그동안 학생 1,200명이 참여했다. 우리나라에서 유일하게 전 학년을 대상으로 책 읽기를 실시하고 있는 동산초등학교다.

그들이 읽은 책은 무엇일까? 고전이다. "아이는 읽는 대로 성장한다."는 생각으로 학생들에게 고전을 읽고 쓰게 한다. 일명 '동산 고전 읽기 프로젝트 The Great Book Dongsan Program'. 고전은 학년별로 맞게 선정한다. 아이들이 약 100권 정도를 읽고 졸업할 수 있도록 만든 과정이다. 처음에는 막막하게 시작한 일이었다. 학부모의 반응도 마찬가지였다. 하지만 8년이 지난 지금 그들은 많은 기적을 맛보고 있다.

아이들이 고전으로 성장한 모습을 보면 놀랍다. 고전을 읽으면서 아이들의 어휘 세계가 무척 넓어졌다. 글을 쓰고 싶어 하고 글쓰기를 부담스러워하지 않게 되었다. 처음 보는 문제도 척척 풀어낸다. 문제 해결력도 좋아졌다. 국어 공부에 유독 마음을 쓴 적이 없고 오히려 고전 읽기로 국어 시간이 줄었는데도 아이들은 국어에서 평균 95점을 기록했다. 어느 순간 교과서가 쉽다고 느끼는 아이들이 늘었다. 8년 동안 진행한 고전 읽기 프로젝트에 참여한 아이들이 보여준 결과다.

왜 그럴까? 고전을 읽으며 아이들의 두뇌가 바뀌었기 때문이다. 이해하며 생각하기에 집중하는 고전 읽기로 뇌에 다양한 스키마를 형성하게 된다. 아이들이 책을 대하는 태도가 달라진다. 한 문장 한 문장 의미를 곱씹는다. 읽으며 생각을 계속해야 이해할 수 있다. 그러다 보니 글을 천천히 정확하게 읽는다. 지문 속에 숨어 있는 뜻을 찾는다. 비판하는 사고가 자리 잡는다.

고전을 읽으며 성장한 사람들

1800년 독일의 한 시골 마을에서 남자아이가 태어났다. 9개월 만에 세상에 나온 아이였다. 목에는 탯줄이 감겨 있었다. 아이는 젖을 제대로 빨지 못했다. 아이의 엄마가 젖을 짜서 아기 입에 넣어 주었다. 아이는 지능이 떨어진다는 이야기를 들었다. 아이의 아버지는 "아이가 교육을 제대로 받으면 특출한 사람이 될 수 있다."라는 신념으로 최선을 다해 아이를 가르쳤다.

약하게 태어난 아이를 아버지는 정성을 다해 교육했다. 아이는 세 살 때 모국어를 완벽하게 말했다. 아홉 살에는 6개 국어를 유창하게 썼다. 열 살에 라이프치히대학에 입학했다. 열세 살에는 기센대학에서 철학 박사 학위를 받았다. 최연소 박사 학위를 받은 사람으로 기네스북에 기록되었다.

그는 누구일까? 바로 칼 비테 주니어다. 칼 비테 주니어는 어릴 때부터 아버지에게 교육을 받았다. 그는 아이가 고전을 원전으로 즐겁게 읽을 수 있도록 가르쳤다. 칼 비테는 42일 된 아이에게 로마 사람 베르길리우스가 쓴 『아이네이스』를 라틴어 원문으로 읽어 주었다. 아주 어릴 때부터 아이에게 고전을 이야기로 들려주거나 읽어 주었다. 칼 비테 주니어는 여덟 살 때부터 어렵지 않게 호메로스, 베르길리우스, 키케로가 쓴 작품을 원전으로 읽었다. 재미있어 하고 아주 열광하며 읽었다.

『자유론』을 쓴 존 스튜어트 밀은 세 살에 그리스어를 배웠다. 다섯 살부터 그리스 고전을 닥치는 대로 읽었다. 일곱 살에는 『플라톤』을 원전으로 읽었다. 『파우스트』를 저술한 괴테는 여덟 살에 라틴어, 그리스어, 프랑스어, 이탈리아어, 영어, 히브리어까지 익히고 고전을 원전으로 읽었다.

다산 정약용의 애제자로 『치원유고』와 『임술기』를 지은 '황상'은 정약용을 만나기 전까지 글자를 몰랐다. 열다섯 살에 정약용을 만나서 글을 깨우쳤다. 정약용은 황상에게 고전을 가르쳤다. 황상은 조선의 천재라고 불리는 사람들을 매혹시켰다. 조선의 천재 지식인 손암 정약전은 황상의 글을 읽고 이렇게 말했다.

"나는 월출산 아래서 이와 같은 문장이 나타나리라고는 생각조차 못 했네."

천재 학자 율곡 이이는 어머니 신사임당에게 어렸을 때부터 고전 교육을 받았다. 신사임당은 날마다 새벽에 책을 읽다가 좋은 글은 필사해 집안 곳곳에 붙여놓고 아이들이 읽도록 했다.

애플을 만든 스티브 잡스. 그는 "소크라테스와 한나절을 보낼 수 있다면 애플이 가진 모든 기술을 그것과 바꾸겠다."는 말을 할 정도로 고전과 인문학에 심취했다. 페이스북을 만든 마크 저커버그도 "나는 그리스 라틴 고전을 원전으로 읽는 것이 취미였다."고 말할 정도로 책을 좋아했다. 그는 로마 서사시인『아이네이스』를 읽으며 페이스북의 미래를 그렸다고 한다.

빌게이츠가 한 유명한 말이 있다.

"하버드대학교 수석 졸업장보다 책 읽는 습관이 중요하다. 동네 도서관이 지금의 나를 있게 했다."

그는 미국 작가 제롬 데이비드 샐린저가 쓴『호밀밭의 파수꾼』을 자주 읽었다고 한다. 그들은 인문학과 고전을 늘 가까이 두고 자주 읽는다.

『공부 기술』을 쓴 조승연은 미국으로 건너가서 몇 년 만에 5개 국어에 능한 사람이 되었다. 그는 고전을 즐겨 읽었다고 고백한다.

"내가 고등학교 때 가장 관심을 가졌던 분야는 철학이다. 데카르트가 내 수학 점수에 미친 영향은 대단하다. 나는 라틴어로 쓰인 스피노자의 원서를 읽거나 성갤런성당의 그레고리 성가모음집을 읽으며 많은 시간을 보낸다."

고전 작품 읽기의 힘

뛰어난 이들은 바쁜 시간을 쪼개서라도 책을 읽는다. 고전을 찾아 읽고 중요한 부분은 암송한다. 세상의 모든 리더Leader가 리더Reader라는 말이 있다. 이제는 리더Reader가 리더Leader가 되는 시대다. 자기 분야에서 좋은 영향력을 주는 사람들, 역사에서 한 획을 그은 이들, 우리가 존경하는 사람들은 모두 책을 읽었다. 그들은 많은 책 가운데 고전을 찾아서 읽었다.

왜 그럴까? 고전이 지닌 가치 때문이다. 고전에서 배울 수 있는 것들이 너무 많다. 시간이 지나도 변하지 않는 것들이 고전에 담겨 있다. 그것을 읽는 사람은 찾을 수 있다. 고전과 멀리 지내는 사람은 눈앞에 보물을 두고도 캐낼 수 없다.

고전은 어떤 책일까? 사전에는 "오랫동안 많은 사람에게 널리 읽히고 모범이 될 만한 문학이나 예술 작품"이라고 나온다. 짧게는 수십 년, 길게는 수천 년 세월의 무게를 이긴 책이다. 고전은 단순하게 오래된 책이 아니라 예부터 내려오는 위대한 책이라고 부를 수 있다. 『다시, 초등 고전 읽기 혁명』을 쓴 송재환 저자는 고전의 조건을 다음과 같이 뽑았다.

"고전이란, 30년 이상 된, 수준 있는 책을 의미한다. 수준 있는 책이라고 하여 어렵게 생각할 필요는 없다. 그 내용과 전개, 담고 있는 가치관이 훌륭하다는 뜻이다. 간혹 어른조차 읽기 힘든 고전도 있지만, 아이들도 쉽게 읽고 즐길 수 있는 고전도 대단히 많다."

고전을 읽으면서 생각하는 습관을 들이면 뇌에 있는 전두엽을 자극할 수 있다. 전두엽은 사고력, 창의력, 주의집중력을 조절하는 부위다. 학습능력에서 전두엽 발달은 중요하다. 전두엽이 활성화되어야 독서를 할 수 있다.

요즘 아이들이 힘들어하는 서술형 문제도 마찬가지다. 문장을 읽고 이해해야 문제를 풀 수 있다. 문제를 이해하지 못하는데 어떻게 풀 수 있겠는가? 이미 고전 문장에 익숙한 아이들에게는 서술형 문장이 그리 어렵지 않은 또 다른 글일 뿐이다.

이제는 아이가 고전과 친해지는 일을 시작해 보자. 먼저 부모가 고전이 주는 유익함을 알고 읽어야 한다. 아이에게 부모가 고전을 읽는 모습을 보여 주는 것이 고전을 시작하는 첫걸음이다.

다음으로 아이 나이에 맞는 고전을 골라서 날마다 조금씩 읽어 준다. 아이가 고전에 편견을 갖지 않고 편안하게 다가갈 수 있도록 따뜻하고 여유 있게 천천히 진행한다.

철학자 데카르트는 말했다. "좋은 책을 읽는 건 과거에 뛰어난 사람들과 대화를 나누는 것과 같다."

우리는 좋은 사람을 만나서 대화를 나누면 그에게 영향을 받는다. 고전이 그렇다. 삶을 대하는 태도뿐만 아니라 우리의 두뇌를 바꾸기도 한다. 이 일을 가정에서부터 시작하면 어떨까?

고전을 학습만화로 읽어도 괜찮을까?

2019년 어린이 시리즈로 많이 팔린 아동 분야 베스트셀러를 살펴보면, 『신비아파트』, 『설민석의 역사 만화』, 『엉덩이 탐정』, 『마법 천자문』, 『Why』, 『Who』, 『만화로 보는 그리스 로마 신화』 등이다. 내가 초등학교 때 재미있게 읽었던 『먼 나라 이웃나라』는 지금도 인기가 많다.

도서관에서 초등학생이 많이 읽는 책 목록도 마찬가지다. 유독 아이들이 많이 모이는 책장이 있다. 인기 코너인 학습만화는 아이들이 어찌나 많이 봤는지 책 귀퉁이와 표지가 너덜너덜하다.

"아이가 학습만화를 너무 좋아해요."

"학습만화만 읽으려고 해요."

"학습만화를 봐도 괜찮은가요?"

초등학생을 둔 많은 학부모들은 학습만화를 놓고 고민한다. 아이가 학습만화를 많이 보는데 괜찮은지 걱정스럽다. 초등학교에 들어간 아이들은 학습만화를 피할 수 없다. 주변에 친구들이 많이 읽으니 같이 있다 보면 덩달아 보게 된다.

일단 학습만화는 재미가 있고 이해하기 쉬우니 점점 더 보게 된다. 무조건 아이에게 보지 말라고 막을 수가 없다.

책을 아예 보지 않는 아이들에게 학습만화는 책과 친해지도록 도와주는 유익한 도구다. 막 글자에 익숙해진 아이에겐 혼자서 책을 읽도록 도와주는 징검다리가 되기도 한다. 『크라센의 읽기 혁명』에서는 만화책이 가벼운 읽기에서 어려운 읽기로 넘어가는 다리가 되어 줄 수 있다고 말한다. 『하루 15분 책 읽어 주기의 힘』에서도 만화책은 혼자 읽기를 시작할 때 쓸모 있다고 평가한다.

학습만화라고 무조건 아이들에게 나쁜 건 아니다. 더욱이 역사만화책은 아이들이 따분해하는 역사를 흥미있게 느끼도록 도와준다. 나 역시 어린 시절 읽었던 『먼 나라 이웃나라』로 세계 역사와 문화에 관심을 갖게 되었다. 학습만화는 분명 좋은 점이 있다. 하지만 고전과 친해지는 데는 알맞지 않다.

굳이 학습만화를 권할 필요는 없다

고전은 어떤 책인가? 전체를 읽든, 한 부분을 읽든 천천히 집중해서 읽어야 한다. 내용을 이해하기 위해선 생각을 하며 읽어야 한다. 책을 읽다가 멈추고 질문을 던져야 한다. 고전 문학을 읽을 때는 장면을 상상해야 한다.

학습만화에 길들여진 아이는 책을 획획 넘기며 빠른 속도로 읽는다. 그림 위주로 보기 때문에 글자를 주의 깊게 읽지 않는다. 이런 습관이 자리 잡히면 천천히 깊게, 꼭꼭 씹어서 읽어야 하는 책은 다소 읽기 힘들어한다. 밥을 먹을 때 제대로 씹지 않고 삼키는 아이에게 천천히 스무 번 씹어서 먹으라고 하면 힘들어하는 것과 같다.

고전을 쉽게 이해할 수 있도록 나온 고전학습만화도 마찬가지다. 이것은 아이가 고전을 읽는 데 필요한 능력을 키워주지 않는다. 만화를 통해 이미 알고 있는 내용이라고 생각하는 경우, 아이는 고전 책을 제대로 읽지 않는다. "나, 이거 아는 내용이에요." 하면서 쉽게 넘긴다. 그러다 보면 내가 어디를 알고 어디를 모르는지 정확하게 구분하는 능력, 즉 메타인지가 길러지지 않는다.

'책을 안 읽는 것보다 낫다.'면서 부모가 먼저 아이에게 고전학습만화를 권하는 경우가 있다. 굳이 부모가 나서지 않아도 학교에 들어가면 아이가 알아서 읽는다.

많은 부모가 말한다. 아이가 초등학교만 들어가도 이미 부모 손을 떠난 거라고. 밖에서 친구들과 사 먹는 불량식품까지 일일이 막을 수 없다. 학습만화라고 다르지 않다. 아이가 좋아서 읽는 책은 굳이 간섭하지 않는다. 아이에게 자유롭게 읽도록 허락한다. 대신 집에서는 좋은 재료로 아이 먹을거리를 만들어 주듯이, 책도 좋은 책을 찾아서 권해 준다. 아이의 독서가 학습만화에만 치우치지 않도록 말이다. 고전 단계까지 읽으며 아이가 자랄 수 있도록 힘써 보자.

고전은 아이 두뇌에 좋은 음식

언제나 기본은 같다. 부모가 먼저 고전을 읽는 것이다. 제일 쉽지만 어렵다. 부모가 먼저 모범을 보여야 하기 때문이다. 아이에게 "이 책 읽어라." 하는 잔소리는 하기 쉽다. 반면에 부모가 먼저 고전을 펼쳐서 읽는 모습을 보여 주기는 버겁다. 아이를 사랑하는 마음으로 부모 먼저 고전 읽기를 시작해 보자.

오늘 읽은 고전 한 부분을 아이에게 이야기로 들려준다. 인상 깊게 읽거나 이야기를 나누고 싶은 부분은 표시해 놓았다가 읽어 준다. 스타벅스 로고를 보면서 아이에게 세이렌 이야기를 들려줄 수 있다. 스타벅스 이름이 허먼 멜빌이 쓴 『모비딕』에 나오는 일등 항해사 "스타벅"의 이름에서 탄생했다는 것을 알려 주고 그가 나온 이야기 한 부분을 읽어 줄 수 있다.

『미식 예찬』을 쓴 프랑스의 법률가이자 미식가였던 장 앙텔므 브리야 사바랭은 말한다. "당신이 오늘 먹은 것을 이야기해 보라. 그러면 나는 당신이 누구인지 말해 주겠다." 고전을 읽어 준다는 것은 아이 두뇌에 좋은 음식을 먹이는 행동이다. 아이가 자라면서 읽은 책은 아이가 어떤 사람인지 말해 준다.

"아이가 글자를 읽을 수 있어서요. 초등학교에 들어갔으니 혼자 읽어야죠." 이렇게 말하는 부모들이 많은데 혼자 읽을 수 있다는 이유로 책 읽어 주기를 서둘러 끝내지 말자. 초등학교 때야말로 아이에게 고전을 읽어 주기 좋은 시기다.

그림책에서 이야기책까지 엄마와 함께 책을 읽은 아이들은 긴 글을 편안하게 느낀다. 초등학교 시기는 유창하게 독해하는 독서가로 자리잡는 시기다. 아이가 탄탄한 독서 실력을 기를 수 있도록 고전을 건넬 수 있는 시기다. 더욱이 아이는 자기 생각을 말로 잘 표현한다. 책을 읽고 서로 생각 나누기를 하기에도 좋다. 고전을 읽고 아이와 토론하기에 황금기다. 이 시기를 놓치지 말아야 한다. 시작은 거창하지 않아도 괜찮다. 많은 시간을 들이지 않아도 된다. 하루 15분, 일주일에 3~4번이라도 꾸준하게 읽어 주자.

당신은 오늘 아이의 머리에 무엇을 먹이고 있는가?

고전 읽기,
문학부터 시작하라

도는 담박하여 맛이 없으나

모름지기 스스로 마시고 먹어야 하리니

남이 마신 술에 내가 취하지 못하고

남이 먹은 밥에 내가 배부르지 않아서네.

　통일신라 시대 학자 최치원이 쓴 선집 『새벽에 홀로 깨어』 「추모의 노래」에 나오는 한 부분이다. 도를 깨닫기까지는 그 길을 나 혼자 걸어가야 하리라. 남이 깨달은 것은 내 것이 아니다. 내가 맛보고 그 맛을 평가해야 진정 내 것이다. 내가 깨닫는 도는 어떨까? '시인의 말처럼 아무 맛이 안 날까? 나름대로 맛이 있을 거야. 달콤할지도 몰라.' 나는 시를 읽으며 생각한다.
　시라면 질색했는데 이제는 고시까지 읽고 있다. 나에게 찾아온 변화가 신기하고 놀랍다. 시를 읽을 때는 소리 내서 읽는다. 그러면 시어가 입에 잘 감긴다. 눈으로 읽을 때보다 더 와닿는다. 읽는 것만으로 끝내지 않는다. 기억하고 싶은 부분은 필사한다. 이제는 시 암송도 하고 싶다. 올해는 좋은 시 한 부분을 10개 이상 외우겠다는 목표를 세웠다.

짧은 시에서도 많은 것을 느낄 수 있다. 나는 『기탄잘리』를 읽으며 타고르가 쓴 시에 푹 빠졌다. 시를 가까이 하다 보니까 어느 순간 아이에게도 시로 감동을 전해주고 싶었다. 엄마부터 시가 좋아지니까 아이도 자연스럽게 물든다. 뭐든 억지로 되는 일은 없다. 그전에는 아이에게 시를 읽어 주고 싶어도 마음이 안 가더니 이제는 내가 찾아서 읽어 주고 있다.

어떤 시를 읽으면 좋을지 여러 책을 찾던 중, 눈에 들어온 시집이 『초등학생을 위한 윤동주를 쓰다』였다. 조금씩 나눠서 아이에게 읽어 주었다. 천천히 또박또박 시를 들려주면서 아이보다 내가 더 감동했다. 나중에는 아이와 시를 필사하고 싶은 마음마저 들었다.

바닷가 사람

물고기 잡아먹고 살고

산골엣 사는 사람

감자 구워 먹고 살고

별나라 사람

무얼 먹고 사나.

윤동주 시집에서 아이에게 「무얼 먹고 사나」를 낭송했다. 아이가 다 듣더니 대뜸 말한다.

"별을 먹고 살지!"
"그래? 무슨 별을 먹고 살아?"
"별똥별"
"별똥별을 어떻게 먹어?"
"별이 입안으로 떨어지겠지!"

시 한 편을 읽고 아이와 짧게 대화한다. 아이 말을 듣고 나니 문득 별나라 사람은 무얼 먹고 사는지 궁금하다. 시를 읽어 주는 시간도 좋지만 아이와 자유롭게 이야기를 나누는 이 순간이 더없이 행복하다. 아이는 자기 생각을 잘 표현하면서 자라고 있다. 우리는 시와 천천히 친해지는 중이다.

고전 문학을 읽으면 좋아지는 것

'고전' 하면 무엇부터 떠오를까? 대부분 고전 철학을 먼저 생각하고 고개를 절레절레 흔든다. '이건 나에게 너무 어려워.' 철학을 대하면 머리가 아프다. 아이라고 다르지 않다. 처음부터 아이에게 어려운 말이 잔뜩 들어 있는 작품을 내밀면 힘들어한다.

아이가 고전과 친해지게 하는 방법은 읽어 주기 좋은 문학작품으로 시작하는 것이 좋다. 다섯 살 때부터 이야기책을 듣고 자란 아이들은 고전 문학작품도 잘 받아들인다. 아이에게 읽어 주기 좋은 것에서 골라보자. 그러려면 엄마가 먼저 읽어 봐야 한다. 엄마부터 맛을 알아야 아이에게 맞는 책을 골라서 먹여 줄 수 있다.

어릴 때부터 읽어 주는 고전 문학은 아이에게 어떤 점이 좋을까? 고전 문학작품에서 얻을 수 있는 이로움부터 살펴보자.

1. 상상력을 키워준다

문학작품을 읽으면서 아이는 상상력을 기를 수 있다. 문학작품은 글로 이야기를 끌어간다. 문장을 들으면서 아이는 머릿속에 그림을 그린다. 인간과 동물의 다른 점은 무엇일까? 바로 상상하는 힘이다. 사람은 상상력으로 많은 것을 만들어낸다. 문학작품은 이런 상상력을 기르는 데 탁월하다.

괴테 어머니는 괴테에게 밤마다 이야기를 읽어 주었다. 그리고 아이가 궁금해할 때 이야기를 끝냈다. "다음은 네가 생각해보렴." 괴테는 이런 방법으로 다음 이야기를 그려 보는 습관을 길렀다.

"새로운 것을 만들어내는 모든 활동이 상상력이다."라고 러시아 교육심리학자인 레프 비고츠키는 말했다. 상상력은 머리에 그림을 그리고 실제 만들어내도록 도와주는 힘이다. 고전 문학을 들으며 아이는 스스로 이미지를 만들어낸다. 읽은 내용을 가지고 놀이를 한다. 새롭게 만들어 본다. 이러한 활동은 아이의 상상력을 쑥쑥 키워 준다.

2. 어휘력이 늘어난다

아이가 의사소통을 제대로 하려면 상황에 알맞은 어휘를 배워야 한다. 더욱이 언어가 풍부한 환경에서 자라는 아이는 앞으로 학습할 때 어마어마한 힘을 가진다. 잘 이해하려면 그만큼 아는 어휘가 많아야 하기 때문이다.

초등학교 저학년 시기에 아이가 가진 어휘력이 부쩍 늘어난다. 이때는 어린 시절과 다르게 책에서 많은 단어를 습득한다. 초등학교에 입학할 때 아이가 쓸 수 있는 어휘는 약 5,000~6,000개라고 한다. 초등학교를 졸업할 때는 어떨까? 아이마다 차이가 나지만 약 3만 5,000~5만 개 단어를 안다고 한다.

이렇게 증가하던 어휘는 이후 전처럼 늘지 않는다. 성인이 되었다고 해서 그보다 더 많은 어휘를 날마다 새롭게 배우지는 않는다. 어떻게 보면 우리는 초등학교 고학년까지 익힌 단어를 바탕으로 살고 있다.

> "학생들은 모국어 읽는 법을 효과적으로 배울 수 있을까? 그렇기도 하고 아니기도 하다. 전체적으로 볼 때, 초등학교 5, 6학년까지는 읽기를 잘 배운다. 그 수준까지는 일반적으로 꾸준히 실력이 향상된다. 하지만 그 후에는 향상 곡선이 멈춰버린 것처럼 평평해진다."

『생각을 넓혀 주는 독서법』에서 말한다. 이것은 아이가 초등학교 기간에 배우기 시작하는 단어와 관련이 있다고 볼 수 있다. 아이는 많은 책을 읽으면서 읽기를 배운다. 이때 아이가 새롭게 배운 단어로 사고하는 능력을 키운다. 아이는 자기가 가진 언어 수준에서 생각하기 때문이다. 아이가 아는 단어가 많아야 고전도 혼자 읽을 수 있다. 혼자 읽기 수준에 이르게 하려면 충분한 어휘를 이해하고 있어야 한다.

초등학교 저학년 시기에 고전문학을 들려주면 아이는 다양한 어휘를 배울 수 있다. 좋은 문장이 많이 나온 고전 문학작품을 폭넓게 읽어 주는 게 필요하다. 그래야 초등학교 고학년이 되었을 때 책을 읽으며 더 깊고 넓게 생각할 수 있다. 고전 문학으로 시작해서 고전 철학까지 아이가 자연스럽게 읽을 수 있도록 도와주자.

고전을 읽어 주는 방법

이야기책에서 고전 문학작품으로 넘어갈 때 어떻게 진행하면 좋을까? 이때도 아이가 놀라지 않도록 천천히 시작한다. 엄마는 여유를 가지고, 다음과 같은 방법으로 우리 아이의 속도에 맞게 하나씩 편안하게 해나간다.

1. 고전 문학작품은 사서 읽는다

이 책 부록에 있는 작품이나 초등학교 아이들이 볼 수 있는 내용이 담긴 문학작품에서 고른다. 엄마가 읽고 싶었던 책에서 골라도 좋다. 엄마부터 고전과 친해지는 시간을 가진다. 고전 문학은 될 수 있으면 사서 읽는다. 전집으로 사지 않고 2~3권 정도 단행본으로 사면 된다.

2. 엄마가 먼저 읽고 아이에게 들려줄 부분을 표시한다

처음부터 끝까지 다 읽어 주면 좋을 책과 필요한 내용만 뽑아서 읽어 줄 책으로 나눈다. 『어린 왕자』, 『갈매기의 꿈』은 처음부터 끝까지 읽어 주기 좋다. 『이솝우화』, 『오디세이아』, 『변신이야기』는 아이에게 필요한 내용만 뽑아서 읽어 준다. 발췌해서 읽어 줄 책은 형광펜이나 색 볼펜으로 읽어 줄 부분만 따로 표시해 둔다. 읽다가 아이와 이야기 나누고 싶은 주제나 질문도 책에 미리 써 놓는다.

3. 아이의 흥미를 유도하기 위해 이야기를 하나씩 던진다

아이와 밥을 먹을 때, 산책할 때, 차를 타고 이동할 때, 잠자려고 누웠을 때 책에 나왔던 내용을 재미있게 들려준다. 어떤 책에 나오는 이야기인지 알려 준다. 아이가 관심을 보이면 다음에 읽어 주겠다고 말한다. 아이에게 바로 책을 들이밀면서 급하게 시작하지 않는 게 좋다.

책과 관련해서 아이의 호기심을 어떻게 일으키면 좋을지 생각해 본다. 다음 장에서 다룰 호기심 자극법을 읽고 내 아이에게 맞게 방법을 찾아볼 수 있다.

4. 하루에 10~15분 동안 짧게 읽어 준다

아이에게 읽어 줄 때는 짧은 시간 동안 집중해서 천천히 읽어 준다. 숙제를 해치우듯이 급하게 하지 않는다. 엄마도 소리 내어 읽으면서 한 문장씩 느껴 보자. 조금씩 나눠서 읽어 준다.

고전 문학작품에서 아이가 모르는 단어가 나올 수 있다. 아이가 엄마에게 단어 뜻을 물어볼 경우, 사전을 찾아보기 전에 앞뒤 문맥 안에서 뜻을 유추하게 한다. 아이에게 "무슨 뜻인 것 같아?"라고 물어본다. 아이가 말한 다음에는 사전을 펼쳐서 정확한 의미를 확인한다. 책을 읽어 줄 때는 사전을 가까운 곳에 둔다. 언제라도 찾아볼 수 있으면 좋다.

이제는 어려운 고전 철학부터 시작해야 한다는 생각을 내려놓자. 아이가 어릴 때부터 편안하게 받아들일 수 있는 고전 문학부터 읽어 주자. 하루에 15분이라도 좋다. 책을 읽고 난 다음에 아이 눈높이에 맞는 대화를 5분 정도 나누는 것만으로도 충분하다. 아이는 자기 수준에 맞게 감동할 것이다.

이런 시간이 쌓이면 어느 날 고전 철학을 읽고 불꽃 튀는 토론을 하고 있지 않을까? 그날을 생각하면 벌써 설렌다. 만약 그런 날이 안 온다면? 그래도 괜찮다. 오늘 아이에게 고전을 읽어 줄 수 있다는 것만으로도 충분히 감사하다.

호기심을 자극해
읽고 싶게 한다

아라크네의 솜씨에는 언제나 우아함이 깃들어 있었다. 이것은 여신 팔라스에게 배웠음을 알 수 있었으리라. 하지만 그녀는 그것을 부인했고, 그토록 위대한 선생에게 배웠다는 것을 언짢아하며 "여신더러 나와 겨루라고 하세요. 내가 지면 하라는 대로 하겠어요."라고 말했다.
노파 미네르바가 아라크네에게 충고했다.
"여신에게 양보하고, 그대가 한 말에 대해 겸손한 목소리로 용서를 구하세요."
"그대는 고령에 지쳐 노망이 든 채 내게 왔군요. 너무 오래 산 것이 해가 될 수 있지요. 며느리나 딸이 있으면 그들에게 가서 그런 소리 하세요. 내 일은 내가 알아서 해요."
아라크네는 충고를 듣지 않았다. 아라크네는 여신과 베 짜기 대결을 해서 이겼다. 이긴 결과 어떻게 되었을까?
"목숨은 보존하되 늘 이렇게 매달려 있거라. 이 못된 것아! 네가 앞으로도 편안하지 못하도록 이 벌이 법이 되어 네 씨족은 먼 후대에 이르기까지 두고두고 이런 벌을 받을 것이다."

오비디우스『변신이야기』「아라크네와 여신의 베 짜기 경쟁」에 나오는 이야기다.

"엄마, 거미야!" 아이가 소리친다. 지나가다가 거미줄에 매달린 큰 거미를 보았다. 걸음을 멈추었다. 가만히 서서 거미를 관찰했다. 거미가 오르락내리락 움직인다. 잠시 뒤에 아이에게 물어봤다.

"거미가 어떻게 해서 생겨났는지 알아?"

아이는 두 눈을 동그랗게 뜨고 나를 바라봤다. '갑자기 뭐지?' 하는 표정이었다. 궁금해하는 모습. 바로 이때다 싶었다. 나는 아이에게 『변신이야기』에 있는 베 짜기 대결을 들려주었다. 아이가 이해할 수 있는 수준으로 흥미진진하게 말해 주었다. 아이는 열심히 들었다. 마지막에는 아이에게 넌지시 말했다.

"오늘 들려준 이야기는 엄마가 되게 좋아하는『변신이야기』책에 나와. 이 책은 지금 하민이가 읽기에는 어려워. 나중에 하민이가 학교 들어가서 글씨를 잘 읽으면 그때 읽을 수 있어."

이야기를 끝내고 아이에게 자연스럽게『변신이야기』책 이야기를 하며 아직은 어리니 좀 더 커서 읽으라고 말했다. 아이는 얼른 읽고 싶어 하는 눈치다. 여기서 멈춘다. 아이 호기심을 자극하고 스스로 책을 꺼내 읽고 싶게 만들기! 아이가 고전에 관심을 가지고 제 발로 다가가게 하는 방법이다.

어느 날 아이와 개미에 관해 이야기를 나누었다. 나는 아이에게 물었다.

"하민아, 개미가 어떻게 만들어졌는지 알아?"

"몰라요. 궁금해요."

"엄마가 개미 이야기를 읽어 줄게."

아이 앞에서 『이솝우화』를 펼쳤다. '개미' 부분을 이야기하듯 읽어 주었다. 아이는 집중해서 들었다. 다 듣더니 재미있단다. 『이솝우화』는 아이에게 유익하게 들려줄 수 있는 동물 이야기가 많다.

"이 책은 글씨가 많아서 하민이는 아직 못 읽어. 더 자라서 글씨를 잘 읽을 때 볼 수 있어."

"나 작은 글씨도 읽을 수 있는데요."

"그래도 좀 더 커야 해. 여덟 살은 되어야 할 수 있을 거야. 그때 읽으면 재미있겠지?"

아이는 『이솝우화』도 잔뜩 궁금해하는 눈치다. 그렇다고 지금 바로 읽으라고 건네지는 않았다. 읽고 싶다는 마음만 키워 놓는다. 아이 눈에 보이는 곳에 책을 놓아 두었다. 아이가 스스로 『이솝우화』를 꺼내는 날을 여유롭게 기다린다.

고전과 친해지게 하는 호기심 자극법

"하늘은 왜 파래요?", "바람은 왜 불어요?", "차는 왜 움직여요?" 아이가 어릴 때는 끝도 없이 묻는다. 엄마는 머리를 쥐어짜 내며 대답해 준다. 질문은 한 번으로 끝나지 않는다. 꼬리에 꼬리를 물고 계속 이어진다. "왜요?"

이런 질문을 한다는 것은 아이에게 호기심이 생겼기 때문이다. 아이 눈에는 모든 사물과 일어나는 현상이 신기하다. 궁금하다. 엄마는 다 알고 있을 것 같다. 자꾸 엄마에게 물어본다. 모든 아이는 살아 있는 호기심 덩어리다.

호기심은 새롭고 신기한 것을 좋아하거나 모르는 것을 알고 싶어 하는 마음이다. 하지만 억지로 가르치면 배우려 하지 않는다. 멍석을 깔아주면 잘하던 일도 안 한다. 아이는 재미있어야 하려고 한다. 아이가 하고 싶어서 몸을 움직이게 만드는 기술이 필요하다. 고전 읽기도 마찬가지다. 아이가 고전을 읽고 싶어서 안달 나게 해야 한다. 아이가 가진 호기심을 자극해 보자.

호기심을 잘 이용하여 재미있게 공부할 수 있게 이끈 사람이 있다. 바로 칼 비테다. 그는 아이를 교육할 때 호기심 자극을 굉장히 중요하게 여겼다. 그는 아들의 흥미를 일으킬 수 있는 『이솝우화』, 『그리스 로마 신화』 등을 들려주었다. 아들 스스로 공부하겠다는 말이 나오게 치밀하게 전략을 짰다.

예를 들면 산책할 때마다 아들에게 꽃을 자세히 보여 주며 식물에 대해 상세하게 말해 주었다. 동물을 보면 재미있는 동물 이야기를 들려주었다. 아버지에게 이야기를 들은 칼 비테 주니어는 나중에 동물과 식물에 관한 책을 스스로 찾아서 읽었다.

칼 비테는 아들을 키우며 늘 육아일기를 썼다. 아이의 반응을 본 다음 어떻게 할지 연구했다. 이런 교육을 받고 자란 칼 비테 주니어는 어린 시절을 떠올리며 "내가 했던 공부는 모두 내가 좋아서 스스로 선택했고, 행복했다."라고 말했다.

아이가 가진 호기심을 자극하여 고전과 친해지게 하는 방법을 알아 보자.

1. 아이에게 이야기로 들려주기

엄마가 읽은 고전을 아이에게 먼저 흥미로운 이야기로 들려준다. 칼 비테처럼 산책할 때 맛깔나게 들려줄 수도 있다. 그 이야기가 어떤 책에 나오는지 알려 준다. 집에 와서 그 책을 보여 준다. 아이의 눈에 보이는 곳에 책을 둔다. 언제라도 읽고 싶을 때 아이 스스로 읽을 수 있게 한다.

2. 아이의 관심 주제와 연결하기

지금 아이가 관심 있어 하는 주제와 연결한다. 아이가 좋아하는 주제의 내용을 찾아서 읽어 준다. 한 부분만 잠깐 읽어 주고 멈춘다. 나머지는 다음에 해 준다고 말한다. 아이 앞에 책을 슬며시 놔두고 언제든 이야기가 궁금해서 펴볼 수 있게 한다.

3. 가치와 의미 부여하기

이 책을 읽을 때 무엇을 얻을 수 있는지, 어떤 의미가 있는지, 어떤 사람들이 많이 읽는 책인지 알려 준다. 아이가 꿈꾸는 분야에서 활동하는 사람들이 읽고 있는 책이라면 더욱 좋다. 그 사람들이 이 책을 읽고 어떤 영향을 받았는지 짧게 말해 준다.

읽기보다 중요한
질문하기

 고전을 읽을 때 가장 중요한 것은 무엇일까? 바로 질문이다. 어떤 질문을 던지는지에 따라서 독서의 질이 달라진다. 책을 읽으면서 알맞은 질문을 할 때 생각이 바뀐다. 죽어 있던 책이 내 인생에서 살아 움직이기 시작한다.

 마약중독자, 감옥에 갇혀있는 사람, 노숙자들에게 소크라테스를 읽게 하고 가르치는 사람이 있다. 미국에서 사회비평가로 활동하는 얼 쇼리스다. 그는 아무리 힘든 상황이라도 고전이 사람들의 삶을 풍성하게 할 거라고 믿었다. 사명을 가지고 열심히 가르쳤지만, 한편으로는 과연 이들이 이해할 수 있을지 의심도 했다.

 어느 날, 한 재소자가 쇼리스에게 말했다.

 "저는 너무 화가 나서 제 동료를 패고 싶었어요."

 이를 어쩌나. 쇼리스는 재소자가 큰 사고를 쳤다고 생각했다.

"그래서 어떻게 했나요?"

"화를 참고 제게 물어봤어요. 소크라테스라면 이 상황에서 어떻게 했을까?"

재소자는 화를 참고 자신에게 질문했다고 한다. 소크라테스가 재소자의 삶 속에서 살아 있었다. 사건 앞에서 질문하고 자신의 행동을 제어할 줄 알게 된 것이었다. 이처럼 고전은 질문하게 한다. 소크라테스라면 어떻게 했을까? 어려운 상황이지만 어떻게 해야 할까? 어떤 환경에 처할지라도 자신을 잃지 않으려 한다. 그 과정에서 사람은 성장한다.

아이의 생각을 깨우는 질문법

질문은 자신을 돌아보게 한다. 소크라테스가 사람들에게 질문한 까닭은 무엇일까? 바로 자신이 알지 못하고 있다는 것을 깨우치기 위해서다. "내가 아는 것은 아무것도 모른다는 사실뿐이다."라고 죽기 전에 그가 남긴 말처럼. 내가 나를 바르게 아는 것, 내 생각을 가지고 세상을 살아가는 것, 그 시작은 책을 읽고 나 자신에게 건네는 질문이다.

『기탄잘리』를 쓰고 노벨문학상을 받은 타고르는 이렇게 말했다.

"인간 정신은 타인의 생각을 소유하면서가 아니라 자신만의 판단 기준을 세우고 자신만의 생각을 생산함으로써 비로소 참된 자유를 얻는다."

아이가 고전을 만나면 스스로 생각하고 자기만의 판단 기준을 세우는 힘을 키울 수 있다. 권위에 굴복하지 않고 자기 목소리를 내는 것이다. 그러기 위해 부모는 아이의 생각을 깨우는 질문을 따뜻하게 건네야 한다. 아이가 고민하며 스스로 답을 찾을 수 있도록 말이다.

질문할 때는 단순하게 책 내용을 확인하는 1차원적 질문을 벗어나야 한다. 올바른 정답만을 가르쳐 주지 않아도 괜찮다. 비록 정해진 답이 없더라도 아이와 함께 이야기 나누며 길을 찾아가면 된다. 오히려 아이에게 더 낫다. 질문한 부모도 답을 모를 수 있다. 그러면 같이 고민하면 된다. 그 가운데 아이와 부모가 함께 성장한다.

제대로 된 질문은 아이의 사고력을 키운다. 책을 읽고 아이에게 어떤 질문을 할 수 있을까? 아이의 생각을 깨울 수 있는 질문을 유형별로 살펴보자.

1. 책의 핵심 주제 파악하기

책에서 말하는 주제가 무엇인지 파악하는 질문이다. 책의 핵심을 확실하게 알고 글의 전반적인 흐름을 이해하는 것이다. 한 부분에 매이지 않고 전체를 보는 눈을 키워 주자.

예) 이 책에서 전달하고 싶은 주제는 무엇일까?
주제를 전하는 가장 핵심 문장은 무엇일까?

2. 글쓴이의 의도 생각하기

글쓴이는 왜 이 글을 썼는지 생각해 보는 질문이다. 모든 작가는 목적을 가지고 글을 쓴다. 그 의미를 생각해 보는 시간을 가져 보자. 더

불어 글쓴이가 주장하는 내용에 맞게 글을 이끌어 가는지 살펴본다.

　예) 이 글을 쓴 사람은 왜 이런 글을 썼을까?

　　이 말은 이 책에 나온 주요 내용과 잘 맞는 걸까?

3. 현재 내 생활과 연결하기

글에 나오는 상황을 아이도 비슷하게 겪은 일이 있는지, 아이의 학교생활과 관련해서 생각해 볼 수 있다. 요즘 아이에게 일어난 일과 연결해서 이야기를 나눠 보자.

　예) 너도 이런 일을 겪은 적 있어?

　　학교에서는 어때? 네 주변에 이런 친구들이 있어?

4. 감정 표현하기

다른 사람을 공감하는 능력을 키워 줄 수 있는 질문이다. 아이가 자기감정을 솔직하게 표현하도록 도와주자. 감정에는 좋은 것, 나쁜 것이 없다. 어떤 감정을 느끼든 괜찮다는 것을 알려 주자.

　예) 주인공은 어떤 감정을 느꼈을까?

　　너라면 기분이 어땠을까?

5. 다른 책과 연결하기

자연스러운 연결 독서를 이끌어주는 질문이다. 아이의 머릿속에 있는 지식이 서로 이어질 수 있도록 도와주자. 지금 책과 비슷한 책을 찾아볼 기회를 만들어 준다.

　예) 이 내용 어디서 본 것 같지 않아?

지난번에 본 다른 책에도 나온 것 같은데?

6. 문제 해결, 행동의 변화 이끌어 내기

아이의 생각과 행동으로 이어질 수 있게 도와주는 질문이다. 아이가 자기만의 가치관을 세우고 문제를 스스로 해결해 나갈 수 있도록 이끌어 주자.

예) 너는 어떤 걸 느꼈니? 너라면 어떻게 하고 싶어?

이 문제를 해결하기 위해 무엇을 할 수 있을까?

시대가 바뀌어도 사람이 고민하는 근본 질문은 바뀌지 않는다. "나는 누구일까?", "행복이란 무엇일까?", "나는 어떻게 살아야 할까?" 고전을 쓴 사람들은 그 답을 치열하게 찾고 자신이 찾은 길을 글로 표현했다.

그들이 내린 결론이 나에게 딱 맞지 않을 수 있다. 하지만 질문하고 생각하는 가운데 해결의 실마리를 찾을 수 있다. 나다운 길을 찾고자 한다면 고전을 읽고 질문하는 사람이 되어야 한다. 아이에게 질문하는 법을 가르치자. 자신만의 기준을 가지고 생각할 수 있는 아이는 자신의 힘으로 문제를 해결해 나갈 것이다.

"너 자신을 알라."는 신탁을 본 소크라테스. 그는 죽을 때까지 자신을 알기 위해 끝없이 질문하며 살았다. 질문으로 많은 이들을 깨우쳤다. 아이가 자기 자신을 알 수 있도록 부모가 먼저 물어보자. 질문이 내 아이의 앞날을 바꾼다.

아이와 함께 필사하는 시간

"말씀 쓰기 하자."

내 말을 듣고 첫째 아이가 공책을 가져오고 책을 편다. 날짜를 쓰고 오늘 쓸 부분을 정한다. 소리 내어 읽는다. 아이가 천천히 또박또박 한 글자씩 읽으면서 쓴다. 아이의 글씨 쓰는 속도에 맞춰서 나도 천천히 쓴다. 마음에 새기면서 집중해서 쓴다. 다 쓴 다음에는 소리 내서 읽는다. 오늘 베껴 쓴 말씀은 어떤 의미일지 이야기를 나눈다.

"오늘 쓴 말씀은 무슨 뜻일까?"
"모르겠어요."

첫째 아이 대답을 듣고 하나씩 단어를 나눠서 의미를 물어보고 뜻을 설명해 준다. 아이의 생각을 물어본다. 알맞게 대답하거나 엉뚱하게 말하기도 한다. 그래도 괜찮다. 아이 마음에 말씀 씨앗이 심어졌을 테니까. 언젠가 이런 말씀들이 아이의 삶에서 살아 움직이는 날이 올 테니까.

"사랑합니다. 고맙습니다. 축복합니다."

웃으며 인사하고 필사를 끝낸다. 아직 어린 둘째 아이가 곁에서 놀다가 덩달아 인사한다. 따라 하는 둘째 아이를 보니 웃음이 절로 나온다.

나는 『데미안』을 시작으로 2주에 한 권씩 고전 작품을 읽고 필사하고 있다.

내 마음에 감동을 주는 문장을 쓴 다음 내가 느낀 점을 기록했다. 이 과정에서 나는 천천히 읽기, 정독하기, 생각하며 깊게 읽기, 세 가지를 한 번에 할 수 있었다.

내가 필사했던 문장을 한 번씩 곱씹을 때면 소가 되새김질하는 기분이었다. 필사하고 한 가지 주제에 대해 꼬리에 꼬리를 물고 생각하는 경험은 나를 황홀하게 했다. 내가 지금 살아있다는 기분을 한껏 느낄 수 있었다.

두 아이를 정신없이 키우며 새벽에 홀로 깨어 고전을 필사하는 시간. 나에게 세상에서 가장 값진 것을 선물하는 기분이었다. 집안일과 육아라는 끝이 없는 육체노동으로 자꾸 지쳐가는 나에게 필사는 쩍쩍 메마른 마음 땅에 내리는 단비와 같았다.

필사하는 즐거움을 깨달은 뒤로 아이와 함께 필사하고 싶었다. 필사가 주는 기쁨을 잘 알기에 아이가 어릴 때 필사하는 습관을 길러 주고 싶었다. 천천히 문장을 읽고 쓰기, 그 안에서 생각을 기록하는 일의 가치를 가르쳐 주고 싶었다. 아이가 편안한 환경에서 자연스럽게 배우도록 이끌어 주고 싶은 마음이 간절했다.

아이와 언제부터 필사를 같이할 수 있을지 아이를 살피며 늘 기회를 엿보았다. 먼저 아이가 필사를 어떤 수준에서 시작할 수 있을지 기준부터 세워 놓았다. 내가 정한 기준은 다음과 같다.

1. 글자 쓰기를 좋아할 것
2. 단어 수준에서 문장 단위로 읽을 수 있을 것
3. 글자를 따라 쓸 수 있을 것

아이는 여섯 살이 되더니 쓰기 활동을 굉장히 좋아했다. 수시로 엄마에게 "사랑해요." 편지를 써왔다. 뭐든 이름표를 써서 집안 여기저기에 붙여 놓았다. 수첩에 자기가 좋아하는 공룡 이름 따라 쓰기를 반복했다. 어느 날부터 문장 단위로 막힘없이 읽으며 나에게 배운 것을 알려 주었다. 아이 모습을 보니 필사를 함께할 수 있겠다 싶었다.

첫째 아이는 따라 쓰기를 좋아한다. 엄마가 자기보다 더 천천히 쓰는 모습에 신나 한다. 아이가 이 시간을 즐거워하니 성공이다. 뭐든 아이가 재미있다고 느껴야 하니까. 그래야 이제 시작한 긴 여정을 유쾌하게 해나갈 수 있다.

삐뚤빼뚤한 글씨, 아직은 글자를 그리는 수준이다. 아이를 가만히 지켜보면서 내 가슴이 뭉클하다. 앞으로 아이와 함께 수많은 고전에 있는 문장을 베껴 쓸 생각을 하니 두근거린다. 아이와 필사하면서 고전을 함께 읽을 생각을 하니 설렌다. 우리는 같은 책을 읽고 어떤 생각을 나누게 될까? 앞으로 아이와 나는 어떻게 성장할까?

"인간은 보는 법을 배워야 하고 생각하는 것을 배워야 하며 말하고 쓰는 것을 배워야 한다." 독일의 철학자인 니체가 말했다. 필사로 이어지는 고전 읽기는 아이를 보고 생각하고 말하고 쓰는 사람으로 기를 수 있다.

아이에게 정말 중요한 것을 가르치는 교육, 아이의 마음과 정신을 건강하게 키우는 교육, 아이와 어른 모두 깊게 생각하고 행동으로 실천하는 교육, 그 길을 필사하며 읽는 고전에서 찾고자 한다. 함께 헤쳐나가는 긴 여정에서 나답게, 내 속도대로 성장할 것이다.

처음으로 필사할 때 생각할 것들

필사를 시작하기 전에 아이가 필사에 잘 적응할 수 있도록 환경을 구성했다. 아이에게 맞는 필사 시간, 필사 분량, 필사 장소, 필사할 책, 필사 단계를 나누었다. 지금부터 하나씩 살펴보자.

1. 필사 시간

아이와 조용하고 차분하게 필사할 수 있는 시간을 정한다. 필사도 습관이 되도록 될 수 있으면 날마다 하는 게 좋다. 매일 하기 좋은 시간으로 고른다. 우리 집은 처음에는 둘째 아이 낮잠 자는 시간으로 정했다. 그랬더니 빼먹는 날이 더 많았다. 나중에는 저녁 시간으로 옮겼다. 가정마다 아이와 함께 필사하기 좋은 시간을 선택하면 된다.

2. 필사 장소

아이와 가까이에 앉아서 베껴 쓰고 이야기 나눌 수 있는 장소가 좋다. 우리는 식탁에서 마주 보고 한다. 아이 옆에 앉아서 필사해도 괜찮다. 아이와 부모가 가깝게 느낄 수 있는 곳으로 골라 본다.

3. 필사 단계

아이가 할 수 있는 필사 단계를 정한다. 내가 나눈 필사 3단계는 다음과 같다. 우리 아이는 1단계부터 3단계로 진행할 계획이다. 아이가 현재 할 수 있는 정도에서 선택한다.

① 베껴 쓸 수 있는 문장 형태로 나온 책에 덧쓰기(글자를 옅게 프린트해도 됨)

② 엄마가 뽑은 고전 한 문장을 보고 베껴 쓰기

③ 같은 책을 읽고 필사하고 싶은 문장을 각자 뽑은 다음 베껴 쓰기

4. 필사할 책, 공책

나는 아이가 필사할 수 있도록 이미 글자가 옅게 나온 책으로 골랐다. 아이가 그 위에 덧쓰기만 하면 된다. 글자를 쓰면서 글자체, 띄어쓰기, 문장 부호, 맞춤법을 같이 연습할 수 있다.

아이는 책에 쓰고, 나는 10칸 공책에 쓴다. 10칸 공책은 아이에게 띄어쓰기를 보여 주기 좋다. 어린아이일수록 띄어쓰기도 연습할 수 있는 10칸 공책이 유익하다. 띄어쓰기가 익숙해지면 줄 공책에 쓰는 것도 괜찮다.

5. 필사 분량 정하기

하루에 10~15분 동안 할 수 있을 양을 정한다. 먼저 아이가 감당할 수 있는 최대의 양을 생각한다. 그 안에서 어디까지 할지 아이에게 선택하게 한다. 필사는 짧게, 집중해서 하는 게 좋다.

6. 소리 내어 읽기

필사할 때는 소리 내서 읽도록 한다. 문장을 쓰기 전이나 다 쓴 다음에 낭독한다. 아이가 읽는 것을 보면 지금 아이가 잘 아는 단어, 어려워하는 단어를 알 수 있다. 체크해 놓고 엄마가 읽어 줄 때 그 부분을 주의해서 정확하게, 천천히 읽어 준다.

7. 생각 나누기

필사의 꽃은 생각 나누기다. 오늘 쓴 문장을 읽으며 어떤 의미인지 생각해 본다. 아이 생각을 물어본다. 아이가 답을 틀리더라도 존중한다. 아이가 자유롭게 자기 생각을 말할 수 있는 환경을 만들어 주는 것이 중요하다.

부록

나이별 추천 그림책 110권

추천 이야기책 20권

추천 고전책 18권

📖 나이별 추천 그림책 110권

번호	제목	작가	출판사	연령	연계 활동	특징과 장점
1	달님 안녕	히야시 아키코 글, 그림	한림 출판사	0세~	-밤 하늘에 뜬 달 보기 -동그란 가면으로 얼굴 가렸다가 까꿍놀이 하기 -동그란 뻥과자 먹기	밤에 달이 뜨는 모습을 그린 책. 잠자기 전에 읽어 주면 좋다. 책 뒤에 나온 메롱을 보고 아이가 따라 할 수 있다. 아이와 안녕을 말하며 손 흔들기도 할 수 있다. 조금씩 변하는 달 모습으로 변화를 알 수 있는 그림책.
2	판다야, 판다야, 무엇을 보고 있니?	빌 마틴 주니어 글 에릭 칼 그림	더크 컴퍼니	0세~	-몸으로 동물 흉내 내기 -영어책 읽어주기 <Panda Bear, Panda Bear, What Do You See?>	동물이 선명하게 그려진 책. 동물이 행동하는 모습을 읽어 주고 같이 몸으로 움직이기 좋다. 멸종 위기에 놓인 10가지 동물을 그렸다. 동물 이름을 알려 주기 좋다. 앞표지에 동물의 앞부분, 뒤표지에 뒷모습을 그려서 아이에게 동물 모습을 이야기해 줄 수 있다.
3	누구야 누구	권혁도 글, 그림	보리	0세~	-동물 소리 흉내 내기 -동물처럼 뛰기	동물 울음소리, 표정, 움직이는 모습을 잘 그린 책. 아이에게 동물 소리를 들려주고 몸으로 흉내 내기를 할 수 있다. 동물이 살아서 움직이는 듯한 기분이 드는 그림책. 세밀화로 따뜻하게 그려져 있다.
4	나 좀 숨겨 줘	여을환 글 강근영 그림	길벗 어린이	0세~	-이불로 물건 덮어서 들춰 내기 -물건 숨기기 놀이	작은 병아리가 이곳저곳에 숨는 이야기. 절반만 숨었기에 몸이 보이고 그곳에 있다는 것을 알 수 있다. 이야기로 대상 영속성이 발달하도록 도와줄 수 있다. 아기들이 보기 좋게 밝은 색으로 그림을 그렸다.

5	어디 숨었니?	나자윤 글, 그림	비룡소	0세~	물건 숨기고 찾기 놀이	천과 헝겊으로 만들고 사진을 찍어서 만든 책. 동물, 식물, 물건이 어디에 있는지 찾기 놀이를 할 수 있다. 동물, 식물, 사물의 이름을 정확하게 알려 주기 좋다. 다양한 천을 그림 속에서 볼 수 있다. "어디 숨었니?"를 반복하는 문장을 듣고 찾기로 연결한다.
6	엄마랑 뽀뽀	김동수 글, 그림	보림	0세~	안아 주고 뽀뽀하기	여러 아기 동물이 엄마 동물과 함께 뽀뽀하기를 표현한 그림책. 어린 아기들에게 안아 주고 뽀뽀하는 애정 표현을 보여 주는 그림책이다. 책을 읽어 주고 아이를 많이 안아 주고 뽀뽀해 주며 사랑을 표현하기에 좋다.
7	두드려 보아요	안나 크라타 티돌롬 글, 그림	사계절	0세~	-집에 있는 문 두드리기 -문 열고 닫기	아이와 문을 두드리듯이 책을 두드리며 볼 수 있다. 동물 이름, 색, 숫자를 알려 줄 수 있다. 문을 열면 누군가 있고 물건이 있다는 것을 아이가 알 수 있다.
8	싹싹싹	히야시 아키코 글, 그림	한림 출판사	0세~	-이유식 먹을 때 읽어 주기 -숟가락으로 여러 가지 그릇 두드리기	숟가락질이 서툴러서 자꾸 흘리는 아기의 모습을 잘 그린 책. 단순하지만 아이 발달을 잘 그렸다. 아이가 이유식을 흘리면서 먹을 때 읽어 주면 좋다.
9	간질간질	최재숙 글 한병호 그림	보림	0세~	아이 몸 간질이기	아빠가 아이를 간지럽히자 아이가 애벌레나 악어로 변신하는 책. 아들과 아빠가 즐기는 유쾌한 몸놀이를 느낄 수 있는 그림책. 책을 읽어 주고 아이와 몸으로 놀기 좋은 책이다. 아이가 어릴수록 몸으로 놀아 주는게 좋기 때문에 이 책을 읽고 몸놀이를 하면 좋다.

10	언제까지나 너를 사랑해	로버트 먼치 글 루이스 그림	북뱅크	0세~	-잠자기 전에 읽어 주고 사랑한다고 말해 주기 -영어책 읽어주기 <Love you forever>	자녀가 나이를 먹어도 부모의 사랑이 한결같음을 들려주는 그림책. 엄마의 자장가를 듣던 아기가 자라서 어른이 되어도 늘 곁에서 사랑을 들려주는 이야기. "너를 사랑해 언제까지나". 아이에게 날마다 잠자기 전에 읽어 주면 좋은 책. 더불어 영어책도 같이 읽어 주면 좋다.
11	사과가 쿵!	다다히로시 글, 그림	보림	0세~	-과일 나눠 먹기 -빵칼로 사과 잘라보기 -과일 씻기	숲속에 떨어진 커다란 사과. 동물들이 하나씩 와서 사과를 나눠 먹는 이야기. 사과를 먹는 동물을 잘 표현했으며 소리나는 말도 읽어 줄 때 재미있다. 아이와 책을 읽고 사과를 나눠 먹으면 좋다.
12	넌 누구니?	엄혜숙 글 이억배 그림	다섯 수레	0세~	-동물 흉내 내기 -동물 소리 나온 다른 책 연결해서 읽어 주기 -아이와 줄 잡아 당기기	열두 띠 동물에 대해 나온 그림책. 즐거운 얼굴로 돼지 친구를 구하기 위해 줄을 잡아당기는 내용이다. 동물 이름과 소리를 같이 익힐 수 있다.
13	안아줘!	제즈 엘버로우 글, 그림	웅진 주니어	0세~	-아이 안아 주기 -인형 안아 주기	아이들이 어릴 때 가장 많이 하는 말 중 하나인 "안아 줘". 아기 원숭이가 숲속을 다니면서 보는 모습을 그린 책. 엄마 동물이 아기 동물을 안아 주는 모습을 보면서 "안았네" "안아 줘"가 반복된다. 동물 이름을 함께 들려줄 수 있으며 아이를 안고 읽어줄 수 있다.
14	알롤달록 동물원	로이스 엘러트 글, 그림	시공 주니어	1세~	-색종이로 모양대로 오리기 -도형으로 동물 만들기	생활에서 볼 수 있는 도형이 동물의 모습으로 바뀌는 그림책. 아주 쉬운 방법으로 동물을 만들 수 있다. 도형 이름과 동물 이름을 알려 줄 수 있다. 아이에게 끝없는 상상력을 기를 수 있게 도와준다. 책을 읽고 만들기로 연결하기 좋다.

15	냠냠냠 쪽쪽쪽	문승연 글, 그림	길벗 어린이	1세~	-과일 보고 잘라서 먹기 -과일 씻어보기 -과일을 그릇에 놓기	과일 전체 모습과 잘랐을 때 모습을 보여주는 그림책. 전체와 부분을 함께 익힐 수 있다. 책을 읽고 관련 과일을 씻고, 만져보고, 잘라서 먹으면 좋다. 과일 이름과 모습을 익힐 수 있다.
16	잘잘잘 123	이억배 글, 그림	사계절	1세~	-노래로 불러 주기 -숫자 세기 -윷 던져 보기 -산책하기	1부터 10까지 수가 나오고 문장이 있는 그림책. 하나 하면 할머니가 노래를 이 책에 나온 문장으로 바꿔서 부른다. 그림 속에 우리 옛 정서가 잘 묻어나 있다. 전래놀이도 같이 볼 수 있는 그림책. 노래 부르며 읽어주면 더 재미있다.
17	잘자요 달님	마거릿 와이즈 브라운 글 클레먼트 허드 그림	시공 주니어	1세~	-잠자기 전에 읽어 주고 집에 있는 사물에 인사하기 -영어책 읽어주기 <Good night Moon>	잠자기 전에 읽어 주면 좋은 그림책. 집에 보이는 사물에 인사를 나누며 잠을 자러 가는 이야기. 책을 다 읽어 주고 난 뒤에 우리 집 거실에 보이는 아이가 좋아하는 물건에 인사를 하고 잠자러 가면 좋은 책이다. 영어책도 함께 읽어 주면 좋다.
18	달가닥 콩 덜거덕 쿵!	펫 허친스 글, 그림	국민 서관	1세~	-아이를 무릎에 올려 놓고 태워 주기 -여러가지 열매 맛보기 -영어책 읽어주기 <Bumpety Bump!>	햇살 가득한 농장에서 할아버지가 아이를 손수레에 태운다. 둘은 농장을 다니면서 여러 가지 열매를 딴다. 아이를 무릎에 올리고 손수레 태워 주는 느낌으로 읽어주면 좋다.
19	우리끼리 가자	윤구병 글 이태수 그림	보리	1세~	-동물 이름 말하기 -동물 흉내 내기 -산에 가기	따뜻한 연필 그림으로 겨울 산 속 풍경과 어린 들짐승을 정성스럽게 그린 그림책이다. 여러 동물들의 모습을 잘 보여 줄 수 있다. 아이가 조금 더 자라면 산길을 함께 걸어도 좋다.
20	구슬비	권오순 글 이준섭 그림	문학 동네	1세~	노래 불러 주기	우리가 잘 아는 "구슬비" 노래. 동시로 읽어 주기 좋은 그림책이다. 아이에게 말로, 노래로 들려줄 수 있다.

번호	제목	글/그림	출판사	연령	활동	설명
21	똑똑한 동물원	조엘 졸리베 글, 그림	바람의 아이들	1세~	-여러 동물 이름 말하기 -동물 찾아보기 -동물원에 가기	책 한 권에 여러 주제로 나눈 동물 400마리가 나온다. 평소에 잘 볼 수 있는 동물과 보기 어려운 동물들이 골고루 나와 있다. 함께 동물 찾아보기 놀이를 해도 재미있다. 한 마리씩 이름을 알려 줘도 좋다.
22	반달	윤극영 시 이광익 그림	문학동네	1세~	-노래 불러 주기 -춤추기	동시로 읽어 주거나 노래로 불러 줄 수 있다. 아이와 노래를 부르며 몸을 함께 움직여도 좋다.
23	얼마만큼 자랐나	윤석중 시 김소희 그림	문학동네	1세~	-아이 안아 주기 -토닥여 주기	잠자기 전에 읽어 주면 좋을 시 그림책이다. 아름다운 우리말을 느낄 수 있다. 따뜻한 그림도 좋다.
24	누구 자전거일까?	다카바타케 준 글, 그림	크레용하우스	1세~	-자전거 태워 주기 -산책하기	여러 동물에 맞는 자전거가 나오는 그림책. 아이의 상상을 자극하는 재미가 있다. '누구 자전거일까?' 반복되는 질문으로 다음 동물이 궁금하다. 자전거 모양을 보면서 다음 동물을 생각해 볼 수 있다.
25	딸기는 빨개요	뻬뜨르 호라체크 글, 그림	시공주니어	1세~	딸기 먹기	반대말, 색깔을 자연스럽게 알려 주는 책이다. 선명한 과일 색이 아이들의 눈을 끈다. 읽고 나서 과일 간식을 먹으면 더 좋다.
26	아가랑 두두랑	디디에 뒤프레슨 글 아르멜 도데레 그림	키다리	1세~	아이 혼자 해 보기	아이가 자라면서 혼자서 해보고 싶어하는 일들을 재미있게 그린 그림책. 어릴 때부터 아이 혼자 할 수 있다는 마음을 심어 줄 수 있다. 외출할 때 들고 나가기 좋은 크기다.
27	배고픈 애벌레	에릭 칼 글, 그림	더큰 theknn	2세~	-간식 먹기 -애벌레 흉내 내기	작은 알에서 애벌레가 태어난다. 애벌레가 번데기가 되었다가 나비 한 마리가 되기까지 과정을 그렸다. 요일 변화, 먹는 음식을 재미있게 표현했다.

28	입이 큰 개구리	키스 포크너 글 조너선 램버트 그림	미세기	2세~	-악어 흉내 내기 -개구리처럼 뛰어 보기	동물은 무엇을 먹고 사는지, 입이 큰 개구리와 함께 만나는 재미있는 동물들의 모습을 볼 수 있다. 팝업북이라 같이 놀기도 좋다. 찢어질 수 있어서 테이프로 잘 붙여 주면 좋다.
29	보보, 안녕!	마르쿠스 오스터발더 글, 그림	꿈터	2세~	책 속에 나온 활동을 하나씩 해 보기	어린아이가 경험할 수 있는 것들을 편안하게 잘 그린 그림책이다. 지은이가 자신의 딸을 위해 그린 책. 책에 나오는 것들을 하나씩 아이와 함께 해봐도 좋다.
30	응가하자, 끙끙	최민오 글, 그림	보림	2세~	변기 놀이하기	변기와 친해지는 시기에 읽어 주면 좋은 그림책. 여러 동물이 나와서 똥을 싸는 일이 좋은 것임을 알려 준다. 동물 친구들의 재미있는 표정과 동물들의 똥도 같이 보면서 재미를 느낄 수 있는 책.
31	화물열차	도널드 크루주 글, 그림	시공 주니어	2세~	-기차 보기 -몸 기차 놀이 -영어책 읽어주기 <Freight Train>	앞에서 막 달리고 있는 기차를 보는 듯한 기분이 드는 책. 탈것에 관심을 보이는 아이에게 읽어 주면 좋다. 무지개색을 볼 수 있고 단순한 기차 그림으로 되어 있다. 아이와 기차놀이를 함께 할 수 있다. 더불어 위치도 같이 알려 줄 수 있다.
32	트럭	도널드 크루주 글, 그림	시공 주니어	2세~	-자동차 놀이 -트럭 찾아보기	글자 없이 그림만 나온 그림책. 트럭이 길을 가면서 만나는 다른 차들을 그렸다. 트럭이 움직이는 듯한 느낌이다. 탈것 좋아하는 남자아이들이 재밌게 본다. 온통 자동차들이 나와 있는 책. 영어책이든 한글책이든 상관없이 보여줄 수 있는 책.
33	열려라 문	박정선 글 이수지 그림	비룡소	2세~	-문 찾아보기 -문 열어보기	우리 주변에 보이는 문을 재미있게 그린 그림책. 문을 좋아하는 아이들에게 읽어 주기 좋다. 읽고 나서 내 주변에서 볼 수 있는 문을 찾아봐도 괜찮다.

34	곰 사냥을 떠나자	헬린 옥슨버리 글, 그림	시공주니어	2세~	-잡기놀이 -산책 -영어책 읽어주기 <We're Going On a Bear Hunt>	온 가족이 곰을 사냥하러 가는 이야기. 곰을 보니 겁이 나서 집으로 급하게 돌아와 이불 속에 숨는다. 자연 속을 걸어갈 때 느낄 수 있는 소리를 잘 표현했다. 다 읽고 아이와 잡기 놀이를 해도 재미있다.
35	누가 내 머리에 똥 쌌어?	베르너 홀츠바르트 글 볼프 예를브루흐 그림	사계절	2세~	내 똥 만들기 (밀가루 반죽, 클레이)	두더지 위에 어떤 동물이 똥을 쌌는지 찾으러 다니는 이야기. 여러 동물을 만나서 이야기를 들으며 서로 다른 똥 모양을 보여준다.
36	괜찮아	최숙희 글, 그림	웅진주니어	2세~	-동물을 몸으로 표현하기 -내가 잘하는 것 말하기	여러 동물의 모습을 보면서 각자 잘하는 것이 있다는 것을 느낄 수 있다. 내가 가진 장점에 대해서 이야기 나눌 수 있는 책이다.
37	꼬마버스 타요의 신나는 하루	편집부 글, 그림	키즈 아이콘	2세~	-버스 구경하기 -버스 타기	꼬마버스 타요가 첫 운행을 하면서 겪는 이야기다. 책 안에 여러 탈것이 나와 있다. 탈것 좋아하는 아이에게 읽어 주기 좋은 책이다.
38	섬 하나가 쑤욱	캐시 펠스테드 그림 로라 셰이퍼 글	아이즐북스	2세~	-악기 치기 -의성어 나올 때 바닥치기 -아이를 들어 올리기	바다에서 섬이 생겨난 이야기를 다룬 그림책이다. 여러 소리가 나오는 표현에서 아이와 몸으로 놀 수 있다. 섬이 쑤욱 생겨날 때 아이 몸을 쑤욱 들어 주면 재미있다.
39	씨앗은 어디로 갔을까?	루스 브라운 글, 그림	주니어RHK	2세~	-씨앗, 곡식 관찰하기 -산책하기 -영어책 읽어주기 <Ten Seeds>	씨앗 열 개가 꽃을 피우는 과정을 잘 그렸다. 자연스럽게 수 개념도 알려 줄 수 있는 그림책이다. 씨앗과 함께 떠나며 느끼는 거대한 생명의 흐름을 그림으로, 글로 마음에 심어 줄 수 있다.
40	스팟이 어디에 숨었나요?	에릭 힐 글, 그림	베틀북	2세~	-찾기놀이 -영어책 읽어주기 <Where's Spot?>	귀여운 강아지 스팟이 경험하는 여러 가지 일들을 그린 그림책. 플랩북이라 종이를 넘기며 스팟이 어디에 있는지 찾는 재미가 있다. 영어로 읽어 주기에도 좋다.

41	선인장 호텔	B.기버슨 글 M.로이드 그림	마루벌	3세~	-선인장 관찰하기 -꽃가게 가 보기	사막에는 동물들을 위한 선인장 호텔이 있다. 동물들과 서로 도움을 주고받으며 일생을 사는 선인장을 보여 주는 자연 관찰 그림책이다.
42	영차영차 고구마 캐기 대회	야마시타 하루오 글, 그림	꿈 소담이	3세~	-고구마캐기 -고구마 만지기 -고구마 찌기 -군고구마 만들기	행복한 생쥐 가족의 사계절 이야기 중 가을을 그린 그림책이다. 7마리 생쥐 아이들이 보여 주는 재미있는 이야기를 담고 있다. 가족의 사랑, 계절을 잘 보여 줄 수 있다.
43	소방차가 되었어	피터 시스 글, 그림	시공 주니어	3세~	-소방서 가기 -소방차 구경하기	소방차를 굉장히 좋아하는 아들을 위해 만든 그림책이다. 깨어나서 잘 때까지 소방차를 노래부르는 한 아이가 주인공이다. 소방차, 탈것 좋아하는 아이에게 읽어주기 좋다. 아이의 마음을 잘 표현하고 있다.
44	바무와 게로의 일요일	시마다 유카 글, 그림	중앙 출판사 (JDM)	3세~	-청소하기 -간식 만들기	밖에서 뛰어 놀기 좋은 일요일. 비가 오는 날 집에서 무슨 일을 할 수 있는지 알 수 있다. 아이와 같이 청소하고 간식을 만들어 먹으면 좋다.
45	검피 아저씨의 드라이브	존 버닝햄 글, 그림	시공주니어	3세~	-자동차 타고 나가기 -바퀴 있는 통에 태우고 밀어 주기	동물과 탈것 좋아하는 아이들이 보면 좋은 책. 검피 아저씨와 함께 떠나는 여행 이야기. 즐겁게 여행을 하는 도중에 비가 와서 앞으로 나가기 어려운 상황이 생기지만 잘 해결하고 집으로 돌아가는 이야기를 담고 있다. 책을 읽고 아이과 밖으로 나가 자연을 보면 좋은 책.
46	눈 오는 날	에즈라 잭 키츠 글, 그림	비룡소	3세~	-눈 오는 날 밖에서 놀기 -영어책 읽어주기 <The snowy day>	겨울에 읽어 주면 좋은 그림책. 피터가 아침에 일어나 밖에 눈이 쌓인 것을 보고 나가서 노는 이야기. 눈이 왔을 때 아이와 어떻게 놀 수 있을지 알 수 있다. 읽다 보면 얼른 눈이 왔으면 하는 마음이 생긴다. 영어책을 같이 읽어 줘도 좋다.

47	부릉부릉 자동차가 좋아	리처드 스캐리 글, 그림	보물 창고	3세~	-산책하기 -주차장에 있는 차 보기 -탈것 그리기	세상에서 볼 수 있는 탈것, 생각해 볼 수 있는 탈것은 이 책에서 다 볼 수 있다. 탈것 좋아하는 아이들이 보면 좋은 책이다. 상상으로 나만의 탈것을 만들거나 그릴 수 있다.
48	까만 크레파스와 요술 기차	나카야 미와 글, 그림	웅진 주니어	3세~	그림 그리기	까만 크레파스가 탈것을 만나서 길을 그려 주는 이야기. 탈것마다 다닐 수 있는 길이 다르다는 것을 자연스럽게 알려 준다. 탈것 좋아하는 아이들에게 인기 만점이다.
49	우리 순이 어디가니	윤구병 글 이태수 그림	보리	3세~	-아이와 산책하기 -봄꽃 살펴보기	우리나라 시골에 봄이 온 모습을 보여 주는 그림책. 일하는 아이의 모습도 보여 준다. 봄에 피는 꽃, 봄의 풍경을 따뜻하게 그린 책. "우리 순이 어디 가니?"를 반복해서 들려준다.
50	작은집 이야기	버지니아 리 버튼 글, 그림	시공 주니어	3세~	-책에서 탈것 찾아보기 -영어책 읽어주기 <The Little House>	작은 집이 있던 시골이 도시로 변하는 이야기. 여러 교통수단이 변하는 모습을 알 수 있다. 탈것 좋아하는 아이들에게 읽어 주기 좋다.
51	100층짜리 집	이와이 도시오 글, 그림	북뱅크	3세~	-숫자 100까지 말하기 -집 짓기 -집 쌓기 -그림 그리기	100층까지 올라가는 책. 10층마다 다른 친구들을 만난다. 위로 갈수록 나오는 동물에 관해 이야기 나눌 수 있음. 다음 층에서는 무슨 동물들을 만나고 어떤 모습인지 맞추기 놀이를 할 수 있다.
52	구리와 구라의 빵 만들기	나카가와 리에코 글 야마와키 유리코 그림	한림 출판사	3세~	팬케이크 만들기	들쥐 구리와 구라가 숲에서 커다란 달걀을 발견하고 팬케이크를 만드는 이야기. 팬케이크를 먹으러 온 동물을 보면서 이름 말하기를 할 수 있다. 책을 읽고 나서 집에서 팬케이크를 만들어 먹어도 재미있다.

53	손 큰 할머니의 만두 만들기	채인선 글 이억배 그림	재미마주	3세~	-만두 쪄먹기 -만두 만들기	해마다 설날이 되면 동물과 만두를 만드는 할머니가 있다. 세상에서 가장 커다란 만두를 만드는 이들. 만두를 다 만들고 나서 무엇을 할까? 함께 만들고 나누는 정을 배울 수 있다.
54	구름빵	백희나 글, 그림	한솔수북	3세~	-빵 만들기	비 오는 날 가지고 온 구름으로 빵을 만들어 먹고 하늘을 나는 이야기. 빵을 어떻게 만들 수 있는지, 날아서 어디에 가고 싶은지 대화를 나눌 수 있다. 읽고 나서 아이와 함께 빵을 만들어먹으면 좋다.
55	밀리의 특별한 모자	기타무라 사토시 글, 그림	베틀북	3세~	-모자 만들기 -모자 찾아보기 -모자 씌워 주기	저마다 마음 안에 가지고 있는 생각으로 모자를 쓰고 있다는 것을 알려 주는 책이다. 아이와 산책 나가기 전에 읽어줘도 좋다. 아이가 자랄수록 서로 다른 마음을 가지고 있다는 부분을 이야기 나눠도 괜찮다.
56	엄마 마중	이태준 글 김동성 그림	보림	4세~	-아이 안아 주기	전차 정류장에서 엄마를 기다리는 아가의 이야기를 담은 그림책. 추워서 코가 새빨간 아가가 아장아장 전차 정류장으로 걸어 나오는 귀여운 모습을 담았다. 엄마를 한없이 기다리는 아이의 마음이 느껴져 가슴 뭉클해지는 책이다.
57	다 콩이야	정지윤 글, 그림	보림	4세~	-콩 관찰하기 -곡식 만져 보기 -밥 짓기	산 좋고 물 맑은 시골에서 콩농사를 짓는 콩 할머니가 있다. 말 많은 들쥐가 찾아와 대화를 나눈다. 콩으로 만나는 사계절 모습. 우리나라 풍습에 맞게 그린 그림책이다. 책 앞쪽에 나온 여러 콩의 모습을 보는 것도 좋다.
58	달과 비행기	피터 매카티 글, 그림	마루벌	4세~	-비행기 태워 주기 -하늘에 뜬 달 보기	탈것을 좋아하는 아이에게 읽어 주기 좋은 그림책. 비행기를 타고 떠나는 아이가 어느새 달까지 간다. 책을 읽고 아이와 달을 함께 봐도 좋다.

59	민들레는 민들레	김장성 글 오현경 그림	이야기꽃	4세~	-산책하기 -민들레 관찰하기	봄에 어디서든 볼 수 있는 민들레. 아이가 좋아하는 민들레를 실컷 보여 줄 수 있는 책이다. 책을 보고 나서 산책을 하고 민들레를 찾아보면 더 좋다.
60	파도야 놀자	이수지 그림	비룡소	4세~	바다에 가기	바다에 놀러간 아이가 파도를 만나며 신나게 노는 그림책. 그림만 봐도 좋다. 아이에게 그림에 담긴 이야기를 누군가 만들어서 들려줄 수 있다. 부모와 아이 각자 이야기를 만들어 낼 수 있다.
61	넉 점 반	윤석중 글 이영경 그림	창비	4세~	-시계 보기 -산책하기	집마다 시계가 없던 시절, 엄마 심부름으로 시간을 물어보러 간 아이가 집에 돌아가지 않고 쏘다니다가 어두워질 때 들어간다. 아이에게 들려주기 좋은 동시와 시계에 관해서도 이야기 나눌 수 있다.
62	고 녀석 맛있겠다	미야니시 타츠야 글, 그림	달리	4세~	-공룡 이름 말하기 -공룡책 찾아보기	티라노사우르스가 아기 안킬로사우르스를 만나서 키우고 떠나보내는 이야기. 공룡을 좋아하는 아이에게 읽어 주기 좋은 책이다. 읽다 보면 엄마의 마음도 따뜻해진다.
63	수잔네의 봄	로트라우트 수잔네 베르너 그림	보림뷰	4세~	-숨은그림 찾기 -마을 만들기 -역할놀이	독일 마을 사람들이 사는 모습을 볼 수 있는 글. 4미터 병풍책으로 글자 없는 그림책이다. 그 안에 담긴 사람을 찾아볼 수 있다. 아이와 마을 놀이, 역할 놀이를 할 때도 쓰기 좋다.
64	사막의 꼬마농부	양혜원 글 장순녀 그림	한우리북스	4세~	-위로 뛰기 -쥐처럼 입안 가득 과자 넣기	사막에 사는 캥거루쥐가 들려주는 이야기. 쥐가 어떻게 사막을 풍요롭게 하는지 알 수 있다. 아이에게 사막은 어떤 곳인지 느끼게 하는 책이다. 쥐 흉내 내기를 해 봐도 재미있다.

65	말괄량이 기관차 치치	버지니아 리 버튼 글, 그림	시공 주니어	4세~	-기차역 가서 기차 보기 -기차 타기	증기기관차 치치가 길을 이탈해서 벌어지는 이야기. 탈것 좋아하는 아이들에게 읽어 주면 좋다. 흑백 그림으로 기차가 눈 앞을 달리는 기분을 느낄 수 있다.
66	내가 공룡 이었을 때	마쓰오카 다쓰히데 글, 그림	천개의 바람	4세~	-공룡으로 변신하기 -이야기 나누기	공룡 세계로 떠나는 모험. 생일 날 할아버지에게 공룡 옷을 선물 받는 아이. 옷을 입고 나가니 주변 아이들이 무서워한다. 아이에게 다가온 공룡들. 함께 간 공룡 세계에서는 어떤 일이 생길까?
67	공룡 목욕탕	피터 시스 글, 그림	시공 주니어	4세~	-목욕하기 -공룡 목욕시키기	글자 없는 그림책. 목욕하러 들어간 곳에서 만나는 공룡들. 공룡을 좋아하는 아이가 보기 좋다. 아이 머리에 펼쳐지는 상상의 세계를 만날 수 있다.
68	아기 오리에게 길을 비켜 주세요	로버트 맥클로스키 글, 그림	시공 주니어	4세~	-오리 흉내 내기	보스턴 시민 공원에 사는 오리 가족이 경찰 아저씨의 도움을 받아서 안전하게 집을 찾아가는 이야기. 실제 일어났던 일을 그림책으로 만들었다. 오리의 모습을 정확하게 관찰하고 그린 책.
69	도깨비를 빨아버린 우리 엄마	사토 와키코 글, 그림	한림 출판사	4세~	-아이가 빨래하기	빨래하는 것을 좋아하는 엄마가 도깨비를 빨아버린다. 엄마가 씻어 준 도깨비는 예쁜 도깨비로 바뀐다. 아이와 같이 빨래 놀이를 해도 재미있다. 더러워진 신발, 속옷을 아이가 빨아 볼 수 있다.
70	한 입만	경혜원 글, 그림	한림 출판사	4세~	-간식을 한입에 먹어 보기	배고픈 티라노사우르스는 친구들을 볼 때마다 한입만 달라고 한다. 그러더니 한입에 다 먹어버린다. 친구와 어떻게 나눠 먹으면 좋을지 이야기를 나눌 수 있다. 공룡을 좋아하는 아이들이 보면 재미있어하는 책이다.

71	세상에서 가장행복한 100층 버스	마이크 스미스 글, 그림	사파리	5세~	-자동차 쌓아 보기 -숫자 세기	빨간 2층 버스에 사람들이 계속해서 버스에 탄다. 버스 층이 자꾸 높아진다. 100층까지 높아진 버스가 멈춰 버린다. 물건을 높이높이 쌓아 볼 수 있다.
72	엄마는 모르는 걸까?	이반디 글 윤지회 그림	양철북	5세~	-내가 상상한 것 이야기 나누기 -상상한 것 그림 그리기	어른의 눈에 보이는 문제행동이 아이 마음에서는 어떻게 바뀌는지 재미있게 그렸다. 아이가 사물을 어떻게 바꿔서 생각하는지 아이와 이야기 나누기 좋다.
73	고릴라	앤서니 브라운 글, 그림	비룡소	5세~	-동물원 가기 -간식 차려 먹기 -소풍 놀이	고릴라를 너무 좋아하는 아이와 바쁜 아빠. 아이의 생일을 앞두고 아빠 같은 고릴라와 하고 싶은 일, 떠나고 싶은 곳에 가는 이야기. 아이와 어떤 즐거운 추억을 함께 만들면 좋을지 생각하게 하는 책이다.
74	마누엘과 디디의 사계절 모험 이야기	에르빈 모저 글, 그림	온누리	5세~	-이야기 나누기 -산책하기	들쥐 마누엘과 디디가 떠나는 사계절 속 모험 이야기이다. 봄, 여름, 가을, 겨울에 맞게 보여 주는 이야기. 아이와 상상의 세계로 떠나기 좋은 책이다.
75	위대한 건축가 무무	김리라 글, 그림	토토북	5세~	-집에 있는 물건으로 건물 만들기	아이들이 집에 있는 생활용품으로 건물 만들기를 하는 모습을 그린 책. 아이가 무엇을 만들기 좋아하는지 잘 표현했다. 맨 뒤에 나온 그림을 보고 아이가 직접 만들고 싶어 한다. 책을 읽고 집에 있는 여러 가지 물건으로 새로운 건물을 만들며 놀 수 있다.
76	비밀의 계단	질 바클렘 글, 그림	마루벌	5세~	-집짓기 -비밀의 방 만들기 -산책하고 나무 관찰하기	들쥐 머위와 앵초가 시를 연습할 장소를 찾다가 발견하게 되는 비밀의 장소. 계단을 올라가고 새롭게 만나는 곳에서 펼쳐지는 이야기. 아이와 비밀의 장소에 관해 이야기 나눌 수 있다. <찔레꽃 울타리> 시리즈로 나온 다른 책과 같이 보면 좋다.

77	야, 우리 기차에서 내려	존 버닝햄 글, 그림	비룡소	5세~	-기차놀이	탈것과 동물을 좋아하는 아이들이 읽으면 좋은 책. 아이가 잠을 자면서 기차여행을 떠나는 이야기. 계절과 날씨가 바뀔 때마다 목숨이 위험한 동물들이 나온다. 자연스럽게 환경문제까지 생각하게 한다.
78	수박 수영장	안녕달 글, 그림	창비	5세~	-수박화채 만들기 -수박 먹기 -물놀이하기 -수박씨 뱉기놀이	뜨거운 여름 날에 커다란 수박에 들어가서 논다는 이야기. 여름에 수박을 먹으며 읽어 주기 좋은 책. 다 읽으면 꼭 수박이 생각나는 책이다. 모든 사람이 함께 즐겁게 즐길 수 있다는 이야기를 나눌 수 있다.
79	무지개 물고기	마르쿠스 피스터 글, 그림	시공 주니어	5세~	-물고기 만들기 -붕어빵 나눠 먹기	반짝이는 아름다운 비늘을 가진 물고기. 친구에게 반짝이는 비늘을 나눠 주고 함께 행복해지는 이야기. 반짝반짝 빛나는 비늘 찾아보기, 나누면 느낄 수 있는 풍성한 마음에 대해 이야기 나눌 수 있다. 내가 주변 사람들에게 줄 수 있는 내 안에 반짝이는 것은 무엇일까?
80	난 토마토 절대 안 먹어	로렌 차일드 글, 그림	국민 서관	5세~	-새로운 음식 이름 짓기 -메뉴판 만들기	편식하고 까다로운 동생을 위해 오빠가 생각한 방법. 먹기 싫은 식사 시간을 재미있게 만들어 주는 오빠의 기발한 생각을 보면 즐겁다. 아이와 우리집 채소, 반찬 이름을 새롭게 만들어 볼 수 있다.
81	앵무새 열 마리	퀜틴 블레이크 글, 그림	시공 주니어	5세~	-숨바꼭질 -새 찾기놀이 -숫자 세기	앵무새와 숨바꼭질 하는 이야기. 그림에서 숨어 있는 앵무새를 찾아볼 수 있다. 아이와 책을 읽고 물건을 숨기거나 숨바꼭질도 할 수 있다. 앵무새를 찾으면서 자연스럽게 숫자를 10까지 세어 볼 수 있다.

82	공룡 유치원	스티브 메쩌 글 한스 윌헬름 그림	크레용 하우스	5세~	이야기 나누기	공룡들이 유치원에서 지내는 이야기. 유치원에 다니는 아이, 앞으로 유치원에 다닐 아이에게 읽어 주면 좋다. 아이가 유치원에 적응해야 하는 시기에 들려줘도 괜찮다. 공룡을 좋아하는 아이, 여자아이나 남자아이 모두에게 읽어 주기 좋다.
83	민희네 집	권윤덕 글, 그림	길벗 어린이	5세~	집 그림 그리기	민희가 할머니네 집에 가서 살게 되면서 보여 주는 집 이야기. 아파트에 많이 사는 아이들에게 다른 형태의 집에 대해서 알려 줄 수 있다. 책을 읽고 아이와 집을 그려 볼 수 있다.
84	강아지똥	권정생 글 정승각 그림	길벗 어린이	5세~	산책하기	보기에 아무 쓸모 없어 보이는 강아지똥이 민들레를 피우게 하기 위해 온몸을 바쳐서 거름이 된다는 이야기. 자연의 순리, 함께 나누는 것에 관해 이야기 나눌 수 있다. 작고 보잘것없너라도 생명은 소중하다는 것을 느끼게 한다.
85	이슬이의 첫 심부름	쯔쯔이 요리코 글 하야시 아키코 그림	한림 출판사	5세~	-심부름 하기 -가게에 가서 간식 사기	다섯 살 이슬이가 혼자 심부름 가서 우유를 사오는 이야기. 책을 읽고 아이와 같이 가게에 가서 물건을 사는 연습을 할 수 있다. 아직 간식을 혼자 사 본 적 없는 아이에게 읽어 주고 물건을 사는 방법을 가르쳐 줄 수 있다.
86	너는 특별하단다	맥스 루케이도 글 세르지오 마르티네즈 그림	고슴 도치	5세~	사랑한다고 말해 주기	점표를 많이 받은 펀치넬로. 별표는 자랑거리지만 점표는 부끄럽게 만든다. 점표를 받은 별표를 받은 모두 다 특별한 아이라는 것을 들려줄 수 있다. 아이 모습 있는 그대로 괜찮다는 말을 들려줄 수 있다.

87	바바파파	아네트 티종 글 탈루스 테일러 그림	시공 주니어	5세~	-밀가루 반죽 놀이 -클레이 만들기	바바파파는 전집으로 두고 봐도 좋은 책이다. 여러 가지 주제를 다루고 있다. 바바파파 가족은 모양을 자유자재로 바꾼다.
88	벗지 말걸 그랬어	요시타케 신스케 글, 그림	스콜라	5세~	옷 빠르게 벗기 시합	아이의 마음을 재미있게 그린 책. 혼자서 씻겠다고 옷을 벗으려 하나 옷이 벗겨지지 않는다. 아이는 앞으로 어떻게 될지 생각하는 것이 꼬리에 꼬리를 문다.
89	어떤 화장실이 좋아?	스즈키 노리타케 글, 그림	노란 우산	5세~	-숨은 그림찾기 -내가 좋아하는 화장실 이야기 나누기 -화장실 만들어 보기	하루에 꼭 가야 하는 곳인 화장실. 이처럼 다양한 화장실이 있다면 더 재미있을 것이다. 아이의 상상력을 건드리는 재미있는 책이다.
90	집 안 치우기	고대영 글 김영진 그림	길벗 어린이	5세~	-함께 집안 치우기	지원이와 병관이 시리즈 책 중 하나. 실컷 놀고 치우지 않는 아이. 밖에 들어갔다 와서 다시 정리하는 방법을 배운다. 우리 아이들의 모습을 재미있게 표현한 책이다. 다른 시리즈를 같이 봐도 괜찮다.
91	점	피터 H. 레이놀즈 글, 그림	문학 동네	6세~	-그림 그리기 -자유롭게 점 찍기	그림을 잘 그리지 못하는 베티. 점 하나를 그려 놓는데, 그 아이의 그림을 인정해 준 선생님. 아이는 자신의 그림을 소중하게 여기게 되는 이야기. 아이가 가진 재능을 눈에 보이는 대로 평가하지 않도록 마음을 깨워 주는 책이다.
92	돼지책	앤서니 브라운	웅진 주니어	6세~	집안일 하기	어느 날 엄마가 편지만 써 놓고 집을 떠난다. 그 동안 엄마 혼자 많은 일을 감당했다. 아이와 아빠는 엄마의 존재를 다시 한번 생각한다. 온 가족이 함께 집에서 살기 위해서 어떻게 하면 좋을지 이야기를 나눌 수 있다.

93	괴물들이 사는 나라	모리스 샌닥 글, 그림	시공 주니어	6세~	이야기나누기	늑대 옷을 입고 장난을 치다가 엄마에게 혼나는 아이. 방에 갇힌 다음 떠나는 여행. 아이는 괴물을 만나서 즐거운 시간을 보낸다. 그리고 다시 집으로 돌아오는 이야기. 엄마에게 혼나면 어떤 기분인지, 어떤 나라를 만들고 싶은지 이야기 나눌 수 있다.
94	폭풍우 치는 밤에	기무라 유이치 글 아베 히로시 그림	미래엔 아이세움	6세~	이야기나누기	폭풍우 치는 밤에 만난 늑대와 양. 서로가 누군지 모르고 마음을 나누는데 두 동물이 함께 만들어 가는 우정을 배울 수 있다. 나와 너무 다른 친구에 대해 어떤 마음을 가지면 좋을지 이야기 나눌 수 있다. 잡아먹고 잡아 먹히는 동물의 세계를 이해하는 아이에게 읽어 주고 대화를 나누면 좋다.
95	제가 잡아 먹어도 될까요?	조프루아 드페나르 글, 그림	베틀북	6세~	이야기나누기	집을 떠나 새로운 생활을 하는 늑대. 늑대는 마음씨가 착해서 사정을 말하는 동물을 잡아먹지 못한다. 결국 늑대는 누굴 잡아먹었을까? 마음씨 착한 루카스가 보여주는 재미있는 이야기. 그동안 동물을 잡아먹었던 늑대와 다른 늑대를 만날 수 있다.
96	생각하는 ㄱㄴㄷ	이보나 흐미엘레프스카 그림	논장	6세~	-글자찾기 -물건찾기 -몸으로 표현하기	주변에서 볼 수 있는 동물, 물건, 사람의 모습 속에서 글자를 찾을 수 있는 그림책. 아이가 글자를 어느 정도 아는 상태에서 함께 찾기놀이 하면서 보기에 좋은 그림책. 자음과 연결된 단어도 자연스럽게 익힐 수 있다. 자음 모양을 보고 비슷한 모양을 찾으며 상상력을 기를 수 있는 책이다.

97	알사탕	백희나 글, 그림	책읽는 곰	6세~	-사탕 먹기 -마음의 소리 들어보기	사탕을 먹으면 안 들리던 소리가 들린다. 마음의 소리는 보이지 않지만 잘 들으면 알 수 있다. 말을 하지 않으면 어떤 마음인지 모르기 때문에 내 마음을 제대로 표현하는 일에 대해 이야기 나눌 수 있다. 어떤 알사탕을 먹고 싶은지 어떤 소리가 들릴지 보이지 않는 것을 보는 것에 대해 알려 줄 수 있다.
98	너도 보이니? 4 (크리스마스 전날 밤)	월터 윅 저	달리	6세~	숨은 그림찾기	여러 주제로 숨어 있는 물건을 찾는 책. 시리즈로 되어 있다. 아이와 부모가 같이 찾아보면 재미있는 책이다.
99	미로탐험 신기한 동물 왕국	겐타로 카가와 글, 그림	문공사	6세~	-숨은 그림찾기 -미로찾기	미로를 탐험하면서 숨은 지식을 배울 수 있는 책. 아이와 함께 미로를 찾아가고 구석구석 숨어 있는 것들을 찾으며 놀 수 있다. 아이와 같이 찾아봐도 재미있다. 주제별로 책이 나뉘어 있어서 아이가 좋아하는 주제가 담긴 책부터 봐도 좋다.
100	시계 그림책1	마쓰이 노리코 글, 그림	길벗 어린이	6세~	시계읽기	몇 시, 몇 시 반을 어떻게 읽어야 하는지 쉽게 설명하는 책. 아이에게 시간을 가르쳐 줄 때 읽어주면 좋은 책이다.
101	단풍나무 언덕 농장의 동물 친구들	앨리스 프로벤슨 글 마틴 프로벤슨 그림	북뱅크	6세~	-동물원에 가기 -동물 이름 말하기 -동물 흉내 내기	단풍나무 언덕 농장에 사는 고양이 네 마리, 개 두 마리, 말 다섯 마리, 돼지 한 마리, 거위와 닭, 소와 염소, 양들의 특징과 개성을 잘 살렸다. 농장에 놀러간 기분이 드는 책이다.

102	파랑이와 노랑이	레오 리오니 글, 그림	물구나무 (파랑새 어린이)	6세~	-물감으로 그림 그리기 -색 섞어 보기	파랑이와 노랑이는 단짝 친구다. 파랑이가 노랑이가 반가워 얼싸 안았더니 어여쁜 초록이 되었다. 그런데 집으로 돌아간 초록이 된 파랑이와 노랑이를 엄마 아빠는 알아 보지 못한다. 그러다 함께 하면 색이 바뀔 수 있다는 것을 깨닫는 그림책이다.
103	리디아의 정원	데이비드 스몰 글 사라 스튜어트 그림	시공 주니어	6세~	-편지 쓰기 -화분 가꾸기	꽃을 사랑하는 리디아는 아버지가 직장을 잃고 생활이 어려워지자 외삼촌 집으로 보내진다. 외삼촌은 도시에서 빵 가게를 하는데, 도통 웃지 않는 무뚝뚝한 사람이다. 비밀 장소를 발견한 리디아는 외삼촌을 위한 깜짝 선물을 준비한다. 어려운 상황 속에서도 밝은 모습을 잃지 않는 한 여자아이의 이야기를 다룬 그림책이다.
104	원숭이의 하루	이토 히로시 글, 그림	비룡소	6세~	동물 흉내 내기	원숭이들에게 바다거북 할아버지가 원숭이들이 있는 섬에 들를 때마다 재미나고 신기한 이야기들을 들려준다. 이야기를 다 마친 할아버지는 다시 드넓은 바다로 향하고 원숭이들과 작별 인사를 하고 돌아간다. 세상 이야기를 들려주는 거북 할아버지, 할아버지와 만나고 반복하는 하루가 특별하다.
105	마녀 위니	밸러리 토머스 글 코키 폴 그림	비룡소	6세~	마법 놀이 하기	마녀 위니는 숲속 까만 집에서 까만 고양이 윌버와 같이 산다. 윌버가 까만색인 것이 항상 말썽이다. 걸려 넘어지기도 하고, 의자에 앉기도 하고, 그래서 마술을 부리면서 일어나는 이야기를 재미있게 그린 책이다. 시리즈로 나온 책들을 이어서 봐도 괜찮다.

106	우리 집에 용이 나타났어요	엠마 야렛 글, 그림	북극곰	6세~	편지쓰기	레군이네 집에 귀여운 용이 나타났다. 집에서 용을 키우려면 어떻게 해야 할지 다섯 명의 전문가들에게 편지를 쓰고 그들에게 답장을 받는다. 어떤 조언을 해 주었을까? 아이에게 편지를 쓰고 싶은 마음을 일으키는 책이다.
107	혼나지 않게 해주세요	구스노키 시게노리 글 이시이 기요타카 그림	베틀북	6세~	이야기나누기	아이는 학교에서도, 집에서도 자주 혼난다. 혼이 나면 날수록 아이는 마음을 닫아 버리고 세상에 벽을 쌓아간다. 아이가 바라는 소원을 적는다. 그 소원은 무엇일까? 아이의 마음을 읽어 주는 그림책이다.
108	종이 봉지 공주	로버트 문치 글 마이클 마첸코 그림	비룡소	6세~	이야기나누기	왕자가 공주를 구하기만 해야 하는 걸까. 여기에서는 공주가 붙잡혀간 왕자를 구하는 이야기가 나온다. 우리가 평소 알고 있는 동화와 다르다. 지혜롭게 용을 이긴 공주, 자신을 구해 준 공주를 보고 왕자가 하는 말은 무엇일까? '내 삶의 주인은 바로 나'임을 선언하는 당당한 현대판 공주 이야기다.
109	감기 걸린 날	김동수 글, 그림	보림	6세~	이야기나누기	눈이 많이 오던 어느 날 엄마가 오리털 파카를 사 주었다. 어깨에 오리털이 하나 삐져 나온 것을 보았다. 왜 삐져 나왔을까? 잠시 생각하다 잠이 들었다. 눈을 떠 보니 내 앞에 여러 마리 오리들이 서 있는 게 아닌가? 오리들은 어떤 이야기를 들려줄까? 아이와 책을 읽고 이야기 나누기 좋다.

| 110 | 플라스틱 섬 | 이명애 글, 그림 | 상 출판사 | 6세~ | 이야기나누기 | 인간이 만들어낸 플라스틱이 바다로 흘러간 뒤에 바다 위를 빙빙 떠도는 플라스틱은 인공섬을 만든다. 크기는 우리나라 면적의 14배. 이런 사실을 바닷새가 바라본 관점으로 지은 그림책이다. 아이와 자연과 플라스틱에 관해 이야기를 나눌 수 있다. |

📕 추천 이야기책 20권

번호	제목	작가	출판사	내용과 질문
1	달따러 가자	윤석중 글 민정영 그림	비룡소	윤석중이 쓴 <풍당풍당>, <기찻길 옆>, <우산> 따위로 많은 사람들에게 사랑을 받은 동요들, 우리말의 리듬감과 아름다운 말의 멋을 잘 표현한 동시 총 56편을 골려 엮은 책이다. <질문> 1. 어떤 부분이 와 닿았니? 2. 제목을 어떻게 다르게 지어볼까? 3. 제일 마음에 드는 시는 뭐야? 4. 어떤 동시를 같이 불러볼까?
2	말놀이 동시집 1	최승호 글 윤정주 그림	비룡소	말놀이로 낱말을 익힐 수 있도록 쓴 동시 84편을 묶은 책. 아이들이 즐겁고 재미나게 우리말을 익힐 수 있도록 된 동시다. <질문> 1. 어떤 말로 바꿔볼까? 2. 노래로 불러볼까? 3. 시를 듣고 그림을 그려볼까? 4. 시를 듣고 몸으로 표현해볼까?
3	학교에 간 사자	필리파 피어스 글	논장	기발한 상상력과 아이들의 심리를 꿰뚫는 통찰력이 빛나는 단편 동화 아홉 편이 담겨 있는 책이다. <질문> 1. 유치원에 가기 싫을 때는 언제야? 2. 사자와 같이 유치원에 가면 어떨까? 3. 내 곁에 믿을 수 있는 친구가 있다면 어떨까? 4. 나는 어떤 친구가 되어 줄 수 있을까?
4	샬롯의 거미줄	엘윈 브룩스 화이트 글 가스윌리엄즈 그림	시공주니어	작은 시골 농장에서 태어난 아기 돼지 윌버와 거미 샬롯, 농장에 사는 동물이 서로 우정을 만들어 가는 이야기. <질문> 1. 너는 어떤 친구가 좋아? 2. 유치원에서 누구랑 놀 때가 제일 재미있어? 3. 친구랑 무슨 놀이를 할 때 즐거워? 4. 내가 샬롯이라면 윌버를 어떻게 도와줄 수 있을까?

5	책 먹는 여우	프란치스카 비어만 글	주니어 김영사	책을 너무 좋아하는 여우 아저씨. 책을 좋아한 나머지 다 읽고 나면 소금과 후추를 뿌려 맛있게 먹는다. 돈이 없어 더이상 책을 사 먹을 수 없자 다른 방법을 찾는 여우 이야기. <질문> 1. 네가 제일 좋아하는 건 뭐야? 2. 너는 어떤 책이 제일 재미있어? 3. 책에 소금과 후추를 뿌려 먹으면 맛이 어떨까? 4. 먹어보고 싶은 책이 있어?
6	8시에 만나!	울리히 흄 글 요르그뮐레 그림	현암사	'노아의 방주'를 바탕으로 한 이야기. 펭귄 세 마리 가운데 2마리(한 쌍)만 방주에 탈 수 있다. 셋이 방주에 탄 다음에 들키지 않으려고 애쓰는 이야기다. <질문> 1. 2명만 탈 수 있다면 너는 어떻게 할래? 2. 불도 없는 곳에서 계속 배를 타고 있을 때 어땠을까? 3. 친구와 같이 어디에 가고 싶어? 4. 계속 비가 내리면 어떨까?
7	왕도둑 호첸플로츠	프로이슬러 글 요제프 트립 그림	비룡소	왕도둑 호첸플로츠는 할머니가 선물로 받은 커피콩 가는 기계를 훔쳐 간다. 이것을 되찾으려는 손자 카스페를과 제펠이 떠나는 모험 이야기. 독일 아이들이 가장 재미있는 동화책으로 뽑았다고 한다. <질문> 1. 왕도둑 호첸플로츠는 커피콩 기계로 무엇을 할까? 2. 할머니의 커피콩 기계를 어떻게 찾을까? 3. 너라면 어떻게 할래? 4. 도둑을 잡으러 갈 때 어떤 기분이었을까?
8	13층 나무 집	앤디 그리피스 글 테리덴톤 그림	시공 주니어	글을 쓰는 앤디와 그림을 그리는 테리. 그들은 13층 나무집에 산다. 나무집에는 신나는 놀거리가 가득하다. 두 사람이 글을 쓰고 그림을 그리려고 하면 자꾸 일이 생긴다. 이들은 책을 한 권 다 만들 수 있을까? <질문> 1. 어떤 방이 제일 좋아? 2. 너는 어떤 집을 만들어 보고 싶어? 3. 실키를 타고 날아다니면 어떨까? 4. 다음 이야기는 어떻게 될까?

9	화요일의 두꺼비	러셀 에릭슨 글 김종도 그림	사계절	무뚝뚝하며 친구 하나 없는 올빼미와 유쾌하고 따뜻한 마음씨를 지닌 두꺼비가 친구가 되는 이야기. 서로 우정을 만들어 가는 과정을 감동 넘치게 쓴 책이다. <질문> 1. 올빼미에게 잡혀갔을 때 두꺼비는 기분이 어땠을까? 2. 무서운 올빼미와 이야기를 나눌 때는 어떨까? 3. 너에게도 어려운 친구가 있어? 4. 둘은 앞으로 어떻게 지낼까?
10	멋진 여우씨	로알드 달 글 퀸틴블레이크 그림	논장	성격이 못되고 고약한 보기스, 번스, 빈. 세 농장 주인은 자신의 음식을 훔쳐 가는 여우에게 화가 난다. 여우를 잡기 위해 벌이는 재미있는 이야기. <질문> 1. 여우네 가족은 땅을 얼마나 빠르게 파야할까? 2. 너는 누구네 농장부터 찾아가고 싶어? 3. 다른 동물들은 앞으로 어떻게 될까? 4. 땅속 동물 마을을 그려볼까? 5. 세 농장 주인은 어떻게 될까?
11	찰리와 초콜릿 공장	로알드 달 글 퀸틴블레이크 그림	시공주니어	세상에 다섯 장뿐인 황금빛 초대장을 받은 어린이들이 초콜릿 공장을 견학하는 이야기. 이 아이들은 평생 먹을 수 있는 초콜릿과 사탕을 받게 된다. 초콜릿 공장에서 벌어지는 재미있는 이야기를 그렸다. <질문> 1. 너는 어떤 간식을 선물 받고 싶어? 2. 어느 방이 제일 재미있어? 3. 찰리는 앞으로 어떻게 될까? 4. 평생 먹을 수 있는 초콜릿을 받으면 어떨까?
12	제임스와 슈퍼복숭아	로알드 달 글 퀸틴블레이크 그림	시공주니어	한 번도 열매를 맺지 않던 나무에서 어느 날 거대한 복숭아 하나가 열린다. 복숭아 안에는 거대한 곤충 친구들이 제임스를 반긴다. 못된 두 고모에게 벗어나 머나먼 나라로 떠나는 제임스와 곤충 친구들 이야기. <질문> 1. 내 몸처럼 커진 곤충친구들을 만나면 어떨까? 2. 거대한 복숭아를 타고 날아가면 기분이 어떨까? 3. 너는 어디로 날아가고 싶어? 4. 제임스와 곤충 친구들에게는 어떤 일이 벌어질까?

13	찰리와 거대한 엘리베이터	로알드 달 글 퀸틴블레이크 그림	시공 주니어	엘리베이터를 타고 초콜릿 공장으로 되돌아가던 찰리 가족. 하늘을 날다가 사고를 당한다. 너무 높이 올라가서 지구궤도를 이탈해 버린다. 찰리 일행이 진짜로 나타난 혹성의 악당들과 용감하게 싸우는 이야기. <질문> 1. 우주에 무엇을 타고 가고 싶어? 2. 엘리베이터를 타고 우주에 가면 어떨까? 3. 악당들을 어떻게 물리칠까? 4. 너는 어떤 탈것을 만들어 보고 싶어?
14	노란 양동이	모리야마 미야코 글 쓰치다요시하루 그림	현암사	노란 양동이를 갖고 싶어 하는 아기 여우. 양동이 한 개를 발견하고 주인이 나타나지 않으면 가지려 한다. 여우는 양동이를 가질 수 있을까? <질문> 1. 너는 무얼 갖고 싶어? 2. 양동이는 어디로 갔을까? 3. 주인이 없는 물건은 어떻게 해야할까? 4. 여우는 왜 양동이를 갖고 싶을까?
15	마법의 설탕 두 조각	미하엘 엔데 글 진드라케펙 그림	소년 한길	자기가 해달라는 것마다 안된다고 말하는 엄마 아빠에게 화가 난 렝켄. 요정을 찾아가 "안돼!"라고 말할 때마다 부모님의 키가 반으로 줄어드는 마법의 설탕 두 조각을 얻는다. 엄마 아빠의 키가 손톱 크기만큼 줄어들자 다시 요정을 찾아가는 이야기. <질문> 1. 너는 언제 엄마가 안된다고 말하면 싫어? 2. 엄마, 아빠의 크기가 자꾸 줄어들면 어떨까? 3. 이런 설탕이 생긴다면 어떻게 하고 싶어? 4. 렝켄은 기분이 어떨까?
16	짐 크노프와 기관사 루카스	미하엘 엔데 글	길벗 어린이	아주 작은 섬 룸머란트, 신기루 현상이 펼쳐지는 사막 같은 독특한 공간에서 펼쳐지는 짐 크노프 일행이 펼치는 모험 이야기. <질문> 1. 아주머니에게 편지를 쓰고 떠날 때 어땠을까? 2. 기관차를 타면 어떨까? 3. 너는 누구랑 여행을 떠나고 싶어? 4. 친구와 함께 떠나면 어떨까?

17	총알 방귀	원재길 글 허구 그림	한림 출판사	태어날 때부터 모든 행동이 느린 토토. 소풍 날 보물찾기를 하다가 토끼가 도망가면서 남겨 둔 빨간 열매를 발견한다. 열매를 집으로 가져온 토토는 호기심에 먹는다. 그 뒤 토토는 방귀를 뀌면 빠르게 움직일 수 있게 되어 학교 대표 선수로 체육대회에 출전하는 이야기. <질문> 1. 내가 친구들보다 느리면 어떨까? 2. 방귀를 뀌면서 빠르게 달릴 수 있다면? 3. 빠르게 달릴 수 있는 열매가 있으면 어떻게 할래? 4. 나보다 느린 친구를 어떻게 대해야 할까?
18	꼬마 모모	마쓰타니 미요코 글	양철북	모모와 아카네가 태어나서 자라는 동안 이야기를 쓴 책. 아이의 눈높이에 맞게 이야기를 이끌어간다. 30년에 걸쳐 완성된 시리즈책이다. <질문> 1. 모모는 기분이 어떨까? 2. 어린이집에서 너는 어땠어? 3. 우리 집에 말하는 고양이 푸가 있다면? 4. 집에 어떤 동물을 키워보고 싶어?
19	고양이 택시	난부 가즈야 글 사토아야 그림	시공 주니어	택시 운전사 랜스 할아버지와 함께 살게 된 고양이 톰. 랜스 할아버지가 사고를 당하는 바람에 할아버지가 톰에게 고양이 택시를 만들어 준다. 거리로 돈을 벌러 나가면서 벌어지는 이야기. <질문> 1. 할아버지가 다리를 다쳤을 때 톰은 어땠을까? 2. 택시를 운전하면 어떨까? 3. 너는 뭘 운전해보고 싶어? 4. 고양이가 운전하는 택시를 타면 어떨까? 5. 고양이와 랜스 할아버지는 어떻게 될까?
20	우당탕탕 자동차 경주	셜리 휴즈 글 클라라벌리아미 그림	국민 서관	딕시 오데이는 언제나 모험을 꿈꾸며 어떠한 도전을 피하는 법이 없다. 어느 날 온종일 자동차 경주가 열린다는 소식이 들려오자, 딕시는 단짝 친구 퍼시와 함께 경주에 나가기로 결심한다. 둘 앞에는 어떤 일이 일어날까? <질문> 1. 자동차 경주에 참여해보면 어떨까? 2. 빠르게 달리는 자동차를 운전하면 어떨까? 3. 나와 다른 친구와 같이 경주에 나가려면 어떻게 해야 할까? 4. 어떤 자동차를 운전해보고 싶어?

📖 **추천 고전 18권**

번호	제목	작가	출판사	내용과 질문	비고
1	이솝우화	천병희 옮김	숲	이솝 전 작품 358편 그리스어 원전 번역한 책. 동물 설화를 묶은 책이다. 짧은 이야기지만 그 안에서 교훈을 느낄 수 있다. 아이에게 읽어 줄 이야기만 골라서 읽어 주면 좋다. <주제 대화> 책에서 뽑을 수 있는 한 가지 단어로 서로 생각을 나누기 사람, 관계, 우정, 사랑, 지혜, 어리석음 <질문 대화> 1. 어리석게 행동하면 어떤 결과를 맞이할까? 2. 잘못했을 때는 어떻게 해야 좋을까? 3. 해 보지도 않고 눈으로만 보고 어렵다고 핑계 대면 어떻게 될까? 4. 너라면 어떻게 할 꺼야?	청소년과 성인을 위한 정본, 그리스어 원전번역 발췌독
2	초등학생을 위한 윤동주를 쓰다, 하늘과 바람과 별과 시	윤동주	북에다	윤동주 탄생 100주년이라는 뜻깊은 시기를 맞아 나온 윤동주 시 필사집이다. 윤동주의 시 가운데 초등학생도 충분히 이해할 수 있는 그의 대표작들이 담겨 있다. 시를 읽고나서 아이의 느낌을 이야기 나누면 좋다. <질문> 1. 어떤 시가 제일 좋아? 2. 느낌이 어때? 3. 이 시를 듣고 그림으로 표현해볼까? 4. 어디 부분이 마음에 들어? 그 부분을 베껴 써 볼까?	시를 필사할 수 있는 책 필사
3	새벽에 홀로 깨어 최치원 선집	김수영 편역	돌베개	신라 시대 대문학가 최치원의 선집. 최치원의 시와 글을 골고루 엮어 우리말로 쉽게 풀이한 책이다. 아이에게 한 편씩 골라서 소리 내서 읽어 주면 좋다. <질문> 1. 외국에서 홀로 시를 쓸 때 어땠을까? 2. 최치원이란 사람은 누구일까? 3. 지금은 한글이지만 옛날에는 한문으로 글을 썼는데 어땠을까? 4. 어떤 시가 마음에 남아? 어떤 부분을 베껴 쓰고 싶어?	부분 필사

4	기탄잘리	라빈드라나트 타고르	무소의 뿔	인도의 시인 타고르. <기탄잘리>로 노벨문학상을 받았다. 생명, 죽음, 사랑, 영원에 대해 아름다운 말로 시를 썼다. <질문> 1. 지금 내 삶이 축제일 때 내가 맡은 일은 무엇일까? 2. 내 생활에서 어떤 것을 선택하면 좋을까? 3. 나를 가두고 있는 것은 무엇일까? 4. 소중한 내 삶을 어떻게 살면 좋을까?	부분 필사
5	아낌없이 주는 나무	셸 실버스타인 글, 그림	시공 주니어	한 소년에게 자신이 가진 모든 것을 내어 주는 나무 이야기. 어떤 대가도 바라지 않는 사랑이 담겨 있다. 소년이 청년이 되어 늙은이가 될 때까지 나무는 한결같은 사랑을 보여 준다. <주제 대화> 선물, 사랑, 어른으로 자라는 것, 나누는 것 <질문> 1. 나는 소중한 사람에게 무엇을 줄 수 있을까? 2. 무언가를 바라고 주는 것과 바라지 않고 주는 것은 뭐가 다를까? 3. 나이가 든다는 것은 어떤 의미일까? 4. 내가 가진 것을 다른 사람에게 다 줄 수 있을까?	영어 원서 <The Giving Tree>
6	꽃들에게 희망을	트리나 폴러스	시공 주니어	두 애벌레가 나비가 되는 과정을 그린 이야기. 내가 진정 이루어야 할 것은 무엇인지 생각하게 하는 책이다. 남들이 가는 길이 무엇인지 목적지도 모른 채 그저 따라가고 있지는 않은지 생각해 볼 수 있다. <주제 대화> 사랑, 우정, 꿈, 목표, 나다움 <질문> 1. 다른 사람이 가는 길을 나도 그냥 따라가야 하는걸까? 2. 내가 가야할 길은 무엇일까? 3. 너는 어떤 사람이 되고 싶어? 4. 네 꿈은 무엇이니?	영어 원서 <Hope for the Flowers>

7	엄마마중	겨레아동문학연구회	보리	깨끗한 우리말로 된 책으로 감동을 느낄 수 있다. 당시 우리나라 아동문학을 살펴볼 수 있는 책이다. 다양한 작가들의 풍성한 동화를 읽으며 자연스럽게 지나간 시대 모습을 만날 수 있다. 단편이 묶여있는 책이라 아이에게 제목을 들려주고 고르게 할 수 있다. <주제 대화> 엄마, 기다림, 친구, 우정, 싸움 <질문> 1. 별과 헤어지는 꽃은 기분이 어땠을까? 2. 친구가 없던 꽃이 별을 만나서 어땠을까? 3. 엄마를 계속 기다리는 아이는 어떨까? 4. 너는 무엇을 하면서 엄마를 기다릴래?	단편소설 골라 읽어주기
8	시편, 잠언	편집부	두란노	성경에서 시편과 잠언을 골라서 준다. 좋은 구절은 함께 필사할 수 있다. 어린이를 위해 나온 어린이 쉬운 말 성경을 읽어 줄 수 있다. <질문> 1. 복 있는 사람은 누구일까? 2. 내가 가야할 길과 피해야 할 길은 무엇일끼? 3. 나는 누구를 따라가야 할까? 4. 지금 나에게 주어진 것 중에서 감사한 것은 무엇일까?	어린이 쉬운말 일러스트 성경 부분필사
9	어린왕자	생텍쥐베리	인디고 (글담)	어린왕자를 사막에서 만난 이야기. 어른의 눈으로 어린이를 이해하는 모습, 서로 관계를 맺으며 다른 사람을 알아가기, 정말 중요한 것이 무엇인지를 생각하게 하는 책이다. <주제 대화> 관계, 책임, 우정, 보이는 것과 보이지 않는 것, 삶의 목적 1. 길들인 것에 책임을 진다는 것은 어떤 의미일까? 2 친구를 볼때 어떤 부분을 봐야좋을까? 3. 눈에 보이지 않지만 중요한 것은 무엇일까? 4. 친구를 사귈 때 어떻게 할까?	프랑스어 완역판 영어 원서 <Little pricess> 부분 필사

10	일리아스	호메로스	숲	그리스 연합군과 트로이가 전쟁을 치르는 이야기. 전체를 다 읽어 주기 보다는 중요한 부분만 뽑아서 읽어 줄 수 있다. 책을 읽어 주기 전에 스토리텔링으로 들려주면 더 좋다. 그리스 문학이 전하는 가장 오래된 작품이자 유럽 문학의 뿌리를 만든 책이다. <주제 대화> 전쟁, 복수, 사랑, 명예, 우정 <질문> 1. 전쟁은 예전부터 계속 해왔다. 사람들은 왜 전쟁을 할까? 2. 옛날에는 어떻게 전쟁을 했을까? 3. 전쟁을 하고 나면 어떻게 되었을까? 4. 싸움에서 이기고 진다는 것은 어떤 의미일까?	원전 번역 발췌독 스토리텔링
11	오뒷세이아	호메로스	숲	트로이 전쟁이 끝난 뒤에 집으로 돌아가는 오디세우스와 부하들이 겪는 이야기. 재미있는 내용은 따로 이야기처럼 들려줄 수 있다. 발췌해서 읽어 주면 좋다. <주제 대화> 운명, 용기, 모험, 절제, 지혜 <질문> 1. 문제가 생겼을 때 어떻게 해결해 나가면 좋을까? 포기해야 할까? 2. 내가 다른 사람을 이끄는 사람이라면 어떻게 행동해야 할까? 3. 유혹을 이기기 위해서 무엇을 할 수 있을까? 4. 유혹의 소리가 들릴 때 나는 어떤 행동을 할 수 있을까?	원전 번역 발췌독 스토리텔링
12	명상록	마르쿠스 아우렐리우스	숲	로마의 5현제 가운데 마지막 황제인 마르쿠스 아우렐리우스가 쓴 일기. 황제가 어떤 마음으로 살고자 했는지, 자신을 어떻게 돌아보았는지를 알 수 있다. <주제 대화> 자연, 행복, 기록, 역사, 리더, 죽음 <질문> 1. 내 생각을 글로 어떻게 기록해놓으면 좋을까? 2. 행복은 어디에서 찾아야 할까? 3. 어떤 생각을 하는 습관을 가지면 좋을까? 4. 내 의견을 어떻게 표현할 수 있을까?	부분 필사

13	갈매기의 꿈	리처드 바크	나무옆 의자	먹을 것을 찾기보다는 나는 것에 관심이 많은 갈매기 조나단 리빙스턴. 조나단 리빙스턴이 나는 것을 배우고 다시 누군가에게 가르치며 사랑을 표현하고 성장하는 이야기다. <주제 대화> 꿈, 연습, 깨달음, 사랑, 가르침, 자유 <질문> 1. 나는 무엇을 선택할 수 있을까? 2. 자유롭게 날기 위해서는 어떻게 해야 할까? 3. 사랑을 실천한다는 것은 무엇일까? 4. 무리와 떨어져서 내 길을 가기 위해 노력하는 것은 어떤 모습일까?	원서 <Jonathan livingston seagull> 부분 필사
14	변신 이야기	오비디우스	숲	그리스 로마 신화의 뿌리가 되는 책이다. 주제를 다양하게 다루고 있다. 아이에게 스토리텔링으로 들려주면 좋다. 필요한 부분만 뽑아서 읽어 줄 수 있다. <주제 대화> 변신, 욕심, 지혜, 선택, 책임 <질문> 1. 너라면 어떻게 선택했을까? 2. 어떤 소원을 빌 수 있을까? 이유는 뭐야? 3. 세상에 지켜지는 비밀이 있을까? 4. 약속을 어떻게 지키면 좋을까?	라틴어 원전 번역 발췌독 스토리텔링
15	논어	공자	홍익 출판사	공자와 그 제자들이 세상 사는 이치, 교육, 문화, 정치에 대해 나눈 이야기들을 모은 책이다. 공자의 말, 제자에게 대답한 내용, 제자들끼리 나눈 이야기들이 담겨 있다. <주제 대화> 배움, 자아, 꿈, 아는 것, 믿음 <질문> 1. 내가 안다고 생각하는 것이 정말 아는 것일까? 2. 어떤 것을 배울 때 제일 재미있어? 3. 나는 어떤 사람일까? 4. 군자는 어떤 모습을 보여 줄 수 있을까?	부분 필사

16	탈무드	샤이니아	서교출판사	탈무드는 우리말로 위대한 연구라는 뜻이다. 5000여 년이라는 긴 세월 동안 유대 민족을 지탱시켜 온 생활 규범이자 문화. 지금 내 앞에 있는 문제를 해결하도록 도와주는 생각을 얻을 수 있다. 탁월한 지혜의 비밀이 담겨 있다. <주제 대화> 말, 책임, 사랑, 노력 <질문> 1. 내가 이루고 싶은 것이 있다면 어떻게 해야 할까? 2. 아무 말이나 생각나는 대로 다 하는 게 좋은 걸까? 혀를 잘 다스리려면 무엇을 하면 좋을까? 3. 어떤 사람이 되고 싶어? 4. 누구에게 감사하면 좋을까?	발췌독 부분필사
17	메밀꽃 필 무렵	이효석	문학과지성사	소설을 시처럼 쓴 이야기. 자연 묘사를 기막히게 한 글이다. 아이에게 장면을 상상하면서 듣게 하면 더 좋다. 이야기를 읽어 주고 아이가 그림을 그려도 괜찮다. <질문> 1. 이 이야기를 듣고 그림으로 그려 볼까? 2. 어떤 문장이 가장 기억에 남아? 3. 오늘 산책하면서 본 것 중에 뭐가 생각나? 4. 밤에 달을 보면서 나귀와 함께 밤길을 걸으면 어땠을까?	그림 그리기
18	어린이 사자소학	엄기원	한국독서지도회	옛날 아이들이 가장 먼저 배우는 한자 학습의 기초 교과서다. 부모님에 대한 효도, 형제 우애, 친구 사이 우정, 스승에 대한 존경심, 바람직한 대인 관계 집안 생활과 바깥에서 올바른 행동과 예의범절 따위를 다룬다. 우리 생활과 관련있는 내용으로 뽑아서 어린이들의 눈높이에 맞추어 쉽게 풀어 엮은 책이다. 필사하면서 읽으면 좋다. <주제 대화> 어른, 스승, 예절, 양보, 태도 <질문> 1. 어른을 공경하는 태도는 무엇일까? 2. 동생을 배려하려면 어떻게 하면 좋을까?	부분 필사

| 18 | 어린이 사자소학 | 엄기원 | 한국 독서 지도회 | 3. 친구와 좋은 관계로 지내려면 어떻게 해야 할까?
4. 나에게 배움을 가르쳐주는 스승에게 어떤 태도를 가져야 할까? | 부분 필사 |

 **에필로그**

책을 읽어 줄 수 있는 시간은 오직 지금뿐

아침이면

자리에서 일어납니다.

나는 살아 있습니다.

나는 숨을 쉽니다.

나는 진짜 살아 있는 아이입니다.

정말 놀랍습니다.

메티 스테파넥,「아, 놀라워라」

한 아이가 있다. 메티 스테파넥이라는 꼬마 시인이다. 세 살부터 시를 쓰기 시작했다. 죽기 전까지 글로 노래했다. 아이가 세상을 떠나던 날 고작 열세 살이었다. 살아 있는 동안 근육성이영양증으로 몸이 불편했다. 어렸을 때부터 휠체어를 탔고 인공호흡기를 달고 살아야 했다. 주마다 신장 투석을 받았다. 하지만 메티는 살아 있는 동안 희망을 노래했다. 13년이라는 짧은 시간을 살면서 시집을 5권이나 남겼다. 아이는 세상과 이별하는 날까지 평화를 외쳤다.

있잖아, 불행하다고
한숨짓지 마

햇살과 산들바람은
한쪽 편만 들지 않아

꿈은
평등하게 꿀 수 있는 거야

나도 괴로운 일
많았지만
살아 있어 좋았어

너도 약해지지 마

시바다 도요,「약해지지 마」

한 할머니가 있다. 90세부터 시를 쓰기 시작했다. 자신의 장례식을 위해 모은 돈으로 98세에 『약해지지 마』 시집을 냈다. 세계 최고령으로 데뷔한 일본 시인 시바다 도요다. 첫 시집을 낸 뒤에 『100세』라는 시집을 냈다. 죽기 전까지 시를 썼다. 그가 남긴 시는 많은 이들에게 용기와 희망을 주었다.

두 시인은 나이, 성별, 사는 모습, 태어난 나라까지 모두 다르다. 하지만 각자 색에 맞게 글을 썼고 많은 이들에게 감동을 주었다. 이 책을 쓴 나에게까지 그들의 시가 날아왔다. 시간이 흘러도 글은 살아 있다. 그들이 남긴 글은 생명이 있어서 사람들의 마음을 움직인다.

아이에게 책을 읽어 준다는 것은 무엇일까? 누군가 세상에 남긴 이야기를 전해 주는 시간이다. 작가가 글 안에 담아 놓은 사랑, 희망, 용기, 꿈을 아이에게 들려주는 순간이다. 엄마가 아이에게 사랑을 표현하는 방법이다.

나는 아이에게 좋은 것을 먹이기 위해 책 한 권을 고른다. 이 세상에 나온 수많은 책 가운데 아이와 나에게 선한 영향을 줄 수 있는 책들을 살펴본다. 아이의 감성과 마음이 자라도록 도와주는 글을 선택한다. 모든 음식이 아이 몸에 다 좋은 것이 아니듯 우리 아이의 두뇌가 먹을 책도 마음을 담아서 정성껏 고른다. 아이가 좋아할 이야기가 담겨 있는 책으로 말이다.

"그렇다면 사랑으로 일한다는 것은 무엇인가? 그것은 그대 심장에서 실을 뽑아 옷을 짜는 일과 같다. 마치 그대가 사랑하는 이가 그 옷을 입기라도 할 것처럼." 칼리 지브란이 쓴 『예언자』에 나오는 「일을 한다는 것」에서 노래하는 것처럼 오늘도 나는 아이에게 사랑을 담아 책을 읽어 준다. 내 심장에서 실을 뽑아 아이가 입을 옷을 만든다. 아이는 이 옷을 입고 세상 밖으로 한 걸음씩 씩씩하게 걸어 나가리라. 모질게 부는 바람, 따갑게 내리쬐는 햇빛, 한없이 쏟아지는 비로부터 아이의 살을 보호해 줄 튼튼한 옷. 나는 지금 아이가 입을 옷 한 부분을 만들고 있다.

"엄마, 이제 그만 읽어 주세요." 하고 아이가 말하는 그 날까지 오늘도 아이에게 책을 읽어 준다. 책으로 아이와 대화를 나눈다.

아이에게 책을 읽어 줄 수 있는 날은 오늘 뿐이다. 내일은 무슨 일이 벌어질지 아무도 모른다. 우리가 누릴 수 있는 시간은 지금이다. 책 읽어 주기는 언제라도 해 줄 수 있는 일이 아니다. 그러니 "내일, 다음에, 나중에"로 미루지 않기를 바란다. 사랑하는 아이에게 책을 읽어 줄 수 있는 시간은 오직 지금뿐이다.

아이에게 사랑을 꾹꾹 담아서 천천히 책 한 권을 읽어 주자. 책을 읽고 아이와 생각을 나누는 추억을 쌓아 나가자. 책육아로 아이와 엄마 모두 행복하게 성장하길 간절히 바란다. 눈부시게 빛나는 우리의 모습을 그리며 우리 집 책육아는 오늘도 진행 중이다.

"책이란 우리 내면에 존재하는 얼어붙은 바다를 깨는 도끼여야만 한다."
_카프카

인간은 보는 법을 배워야 하고 생각하는 것을 배워야 하며
말하고 쓰는 것을 배워야 한다."

_니체

"책은 꿈꾸는 것을 가르쳐 주는 진짜 선생이다."
_G.바슐라르

사랑은 죽음을 이기고 인생에 의미를 가져오며 불행을 행복으로 바꾼다.
_톨스토이